COMISSÃO TEOLÓGICA INTERNACIONAL

O *SENSUS FIDEI* NA VIDA DA IGREJA

Direção-geral: *Bernadete Boff*
Editora responsável: *Maria Goretti de Oliveira*

Nenhuma parte desta obra poderá ser reproduzida ou transmitida
por qualquer forma e/ou quaisquer meios (eletrônico ou mecânico,
incluindo fotocópia e gravação) ou arquivada em qualquer sistema ou
banco de dados sem permissão escrita da Editora. Direitos reservados.

Paulinas

Rua Dona Inácia Uchoa, 62
04110-020 – São Paulo – SP (Brasil)
Tel.: (11) 2125-3500
http://www.paulinas.org.br – editora@paulinas.com.br
Telemarketing e SAC: 0800-7010081

© Pia Sociedade Filhas de São Paulo – São Paulo, 2015

NOTA PRELIMINAR

Durante seu oitavo quinquênio, a Comissão Teológica Internacional realizou um estudo sobre a natureza do *sensus fidei* e seu papel na vida da Igreja. O trabalho foi desenvolvido por uma subcomissão, presidida pelo Monsenhor Paul McPartlan e composta pelos seguintes membros: Padre Serge-Thomas Bonino, op (secretário-geral); Irmã Sara Butler, msbt; Padre Antonio Castellano, sdb; Padre Adelbert Denaux; Padre Tomislav Ivancic; Exa. Rev. Dom Jan Liesen; Padre Leonard Santedi Kinkupu; Prof. Thomas Söding e Padre Jerzy Szymik.

As discussões gerais sobre o tema foram realizadas nas várias reuniões da subcomissão e durante as sessões plenárias da própria Comissão, realizadas nos anos de 2011 a 2014. O presente texto, intitulado *O sensus fidei na vida da Igreja*, foi aprovado de forma específica pela maioria dos membros da Comissão por voto escrito, e foi, então, submetido à aprovação de seu presidente, Sua Eminência o Cardeal Gerhard L. Müller, Prefeito da Congregação para a Doutrina da Fé, que autorizou a sua publicação.

INTRODUÇÃO

1. Por meio do dom do Espírito Santo, "o Espírito da verdade, que procede do Pai" e que dá testemunho do Filho (Jo 15,26), todos os batizados participam da missão profética de Jesus Cristo, "a testemunha fiel e verdadeira" (Ap 3,14). Eles precisam dar testemunho do Evangelho e da fé dos apóstolos na Igreja e no mundo. O Espírito Santo lhes dá a unção e os dons para esta alta vocação, conferindo-lhes um conhecimento muito pessoal e íntimo da fé da Igreja. Na sua Primeira Carta, São João diz aos fiéis: "Vós recebestes a unção do Santo, e todos vós tendes conhecimento"; "a unção que recebestes de Jesus permanece convosco, e não tendes necessidade de que alguém vos ensine. A sua unção vos ensina tudo" (1Jo 2,20.27).

2. Como resultado, os fiéis têm um instinto* para a verdade do Evangelho, o que lhes permite reconhecer qual é a doutrina e quais as práticas cristãs autênticas e a elas aderir. Esse instinto sobrenatural, que tem uma ligação intrínseca com o dom da fé recebido na comunhão da Igreja, é chamado de *sensus fidei*, e permite aos cristãos cumprir a sua vocação profética. Em seu primeiro *Angelus*,

---

* A palavra "instinto", no uso dado ao longo do documento, deve ser compreendida como a inclinação presente no ser humano apoiada na sua vontade refletida e na sua inteligência e não apenas no que o impele a operar de maneira especificamente típica e adequada à conservação da espécie. [N.T.]

o Papa Francisco citou as palavras de uma senhora idosa humilde, que ele havia encontrado certa vez: "Se o Senhor não perdoa tudo, o mundo não existiria"; e o Papa comenta com admiração: "Essa é a sabedoria dada pelo Espírito Santo".[1] A intuição dessa mulher é uma manifestação marcante do *sensus fidei*, que, ao mesmo tempo, lhe permite algum discernimento no que diz respeito às questões de fé, nutre a verdadeira sabedoria e suscita a proclamação da verdade, como neste caso. É, portanto, claro que o *sensus fidei* representa um recurso vital para a nova evangelização, que é um dos principais compromissos da Igreja de hoje.[2]

3. Como conceito teológico, o *sensus fidei* refere-se a duas realidades distintas, embora intimamente conexas; o sujeito próprio de uma é a Igreja, "coluna e fundamento da verdade" (1Tm 3,15),[3] enquanto o sujeito da outra é cada crente, que pertence à Igreja devido aos sacramentos da iniciação e que participa da fé e da vida da Igreja,

---

[1] PAPA FRANCISCO. Palavras pronunciadas no *Angelus* de 17 de março de 2013.

[2] Cf. *Evangelii Gaudium* (*EG*), n. 119-120.

[3] As citações bíblicas são da Bíblia da CNBB (Edições CNBB, 13. ed., 2012). Salvo indicação em contrário, as citações dos documentos do Vaticano II são tomadas a partir da edição da Editora Vozes (São Paulo, 1966). Estes incluem, como os documentos do Concílio seguinte: *Apostolicam Actuositatem* (*AA*), *Ad Gentes* (*AG*), *Dei Verbum* (*DV*), *Gaudium et Spes* (*GS*), *Lumen Gentium* (*LG*), *Perfectae Caritatis* (*PC*), *Sacrosanctum Concilium* (*SC*). Referências a H. Denzinger – H. Hünermann, *Símbolos e definições da fé católica*, são indicados por DH seguido pelo número de parágrafo. As referências ao *Catecismo da Igreja Católica* (1992) são indicadas por *CIC* e o número ou parágrafo; e referências a J. P. Migne, ed, *Patrologia Latina* (1844-1864), são indicadas por número de referência de *PL* e do volume da coluna.

particularmente através da celebração regular da Eucaristia. De uma parte, o *sensus fidei* refere-se à aptidão pessoal que tem um crente, no seio da comunhão da Igreja, para discernir a verdade da fé. Por outro lado, o *sensus fidei* refere-se a uma realidade comunitária e eclesial: o instinto da fé da própria Igreja, por meio do qual ela reconhece o seu Senhor e proclama sua Palavra. O *sensus fidei* entendido neste sentido se reflete no fato de que os batizados convergem em uma adesão vital a uma doutrina de fé ou a um elemento da práxis cristã. Esta convergência (*consensus*) desempenha um papel vital na Igreja. O *consensus fidelium* é um critério seguro para determinar se uma doutrina ou uma determinada prática faz parte da fé apostólica.[4] No presente documento usamos o termo *sensus fidei fidelis* para nos referir à capacidade pessoal do crente de fazer um discernimento justo em matéria de fé, e o de *sensus fidei fidelium* para nos referir ao instinto de fé da própria Igreja. Dependendo do contexto, *sensus fidei* irá referir-se a um ou a outro sentido, e, para o segundo significado, será utilizado também o termo *sensus fidelium*.

4. A importância do *sensus fidei* na vida da Igreja foi fortemente enfatizada pelo Concílio Vaticano II. Descartando a representação distorcida de uma hierarquia ativa e um laicato passivo e, particularmente, a noção de

---

[4] Em seu artigo sobre a interpretação do dogma (1989), a Comissão Teológica Internacional (CTI) refere-se ao *sensus fidelium* como um "sentido interno" pelo qual o Povo de Deus "reconhece na pregação não só a palavra de homens, mas a Deus, que aceita e cuida com indefectível lealdade" (C, II, 1). O documento também destacou o papel do *consensus fidelium* na interpretação dos dogmas (C, II, 4).

uma rigorosa separação entre a Igreja docente (*Ecclesia docens*) e a Igreja discente (*Ecclesia discens*), o Concílio ensinou que todos os batizados participam, cada um a seu modo, dos três ofícios de Cristo: profeta, sacerdote e rei. Em particular, ele ensinou que Cristo cumpre o seu papel profético não só através da hierarquia, mas também por meio dos leigos.

5. Na recepção e aplicação do ensinamento do Concílio sobre o assunto, no entanto, muitas questões surgem, particularmente em relação às controvérsias sobre diversos pontos referentes à doutrina e à moral. O que exatamente é o *sensus fidei* e como se pode identificá-lo? Quais são as fontes bíblicas dessa ideia e qual é a função do *sensus fidei* na tradição de fé? Qual é a relação do *sensus fidei* do Magistério eclesiástico do papa e dos bispos, assim como da teologia?[5] Quais são as condições para um autêntico exercício do *sensus fidei*? O *sensus fidei* é algo diferente do que é a opinião da maioria dos fiéis em um determinado tempo e lugar? E se isso acontece, como ele se diferencia? A tantas perguntas é necessário responder, para que a ideia de *sensus fidei* seja compreendida mais perfeitamente e utilizada com mais confiança na Igreja de hoje.

6. O objetivo do presente documento não é explanar de forma exaustiva o *sensus fidei*, mas simplesmente esclarecer e aprofundar alguns aspectos importantes deste

---

[5] No documento publicado recentemente, intitulado *Teologia hoje: perspectivas, princípios e critérios* (2012), a CTI identificou o *sensus fidei* como um lugar, ou ponto de referência para a teologia fundamental (n. 35).

conceito vital, a fim de encontrar uma resposta para algumas questões, especialmente aquelas relativas à identificação do autêntico *sensus fidei* em situações de conflito, como, por exemplo, quando há tensões entre o ensino do Magistério e dos pontos de vista que pretendem expressar o *sensus fidei*. Por consequência, o documento considerará as fontes bíblicas da ideia do *sensus fidei* e o modo como essa ideia se desenvolveu e atuou na história e na tradição da Igreja (capítulo primeiro). A seguir, considerará a natureza do *sensus fidei fidelis*, assim como as suas manifestações na vida pessoal do fiel (capítulo segundo). O documento refletirá, em seguida, sobre o *sensus fidei fidelium*, isto é, o *sensus fidei* na sua forma eclesial, considerando, em primeiro lugar, o seu papel no desenvolvimento da doutrina e da prática cristãs, e, depois, a sua relação, respectivamente, com o Magistério e com a teologia, e, ainda mais, a sua importância para o diálogo ecumênico (capítulo terceiro). Por fim, ele procurará identificar quais são as disposições requeridas para uma participação autêntica no *sensus fidei* – que constituem critérios para o discernimento do *sensus fidei* autêntico – e considerará algumas aplicações das conclusões para a vida concreta da Igreja (capítulo quarto).

Capítulo 1

O *SENSUS FIDEI* NA ESCRITURA E NA TRADIÇÃO

7. A expressão *sensus fidei* não é encontrada nem na Bíblia nem no ensino formal da Igreja antes do Concílio Vaticano II. No entanto, a ideia de que a Igreja como um todo é infalível em sua fé, porque ela é o Corpo de Cristo e sua esposa (cf. 1Cor 12,27; Ef 4,12; 5,21-32; Ap 21,9), e que todos os membros têm uma unção que ensina (cf. 1Jo 2,20.27), graças ao dom do Espírito da verdade (cf. Jo 16,13), se encontra em toda parte, desde os primórdios do cristianismo. Este capítulo irá seguir as grandes linhas do desenvolvimento dessa ideia, em primeiro lugar nas Escrituras e, em seguida, na história da Igreja.

1. O ensinamento da Bíblia

a) A fé como resposta à Palavra de Deus

8. Em todo o Novo Testamento, a fé é a resposta fundamental e decisiva do ser humano ao Evangelho. Jesus anunciou o Evangelho a fim de levar as pessoas à fé: "Completou-se o tempo, e o Reino de Deus está próximo. Convertei-vos e crede na Boa-Nova" (Mc 1,15). Paulo recorda aos primeiros cristãos sua mensagem apostólica sobre a morte e ressurreição de Jesus Cristo para renovar e aprofundar a sua fé: "Irmãos, quero lembrar-vos o Evangelho que vos anunciei e que recebestes, no qual estais firmes. Por ele sois salvos, se o estais guardando tal qual ele vos foi anunciado. A menos que tenhais abraçado a fé em vão" (1Cor 15,1-2). A compreensão da fé no Novo Testamento está enraizada no Antigo Testamento, e, especialmente, na fé de Abraão, que teve uma confiança absoluta nas promessas de Deus (cf. Gn 15,6; Rm 4,11.17). Esta fé é uma resposta livre à proclamação da Palavra de Deus, e, como tal, é dom do Espírito Santo, que deve ser recebido por aqueles que acreditam na verdade (cf. 1Cor 12,3). A "obediência da fé" (Rm 1,5) resulta da graça de Deus que liberta os seres humanos e os torna membros da Igreja (cf. Gl 5,1.13).

9. O Evangelho suscita a fé, porque ela não é uma simples transmissão de informação religiosa, mas a proclamação da Palavra de Deus e do "poder de Deus para a salvação", que deve ser recebido em toda a verdade (cf. Rm 1,16-17; Mt 11,15 Lc 7,22 [Is 26,19; 29,18; 35,5-6; 61,1-11]). É o Evangelho da graça de Deus (cf. At 20,24), a "revelação do mistério" de Deus (Rm 16,25), e a "palavra da verdade" (Ef 1,13). O Evangelho tem um conteúdo substancial: a vinda do Reino de Deus, a ressurreição e a exaltação de Jesus Cristo crucificado, o mistério da salvação e a glorificação de Deus no Espírito Santo. O Evangelho tem um sujeito forte, o próprio Jesus, a Palavra de Deus, que enviou seus apóstolos e seus discípulos, e ele toma diretamente a forma de uma proclamação inspirada e autorizada nas palavras e em atos. Receber o Evangelho exige uma resposta de toda a pessoa, "de todo o teu coração, com toda a tua alma, com todo o teu entendimento e com toda a tua força" (Mc 12,30). Esta é a resposta da fé, que é "a certeza daquilo que ainda se espera, a demonstração de realidades que não se veem" (Hb 11,1).

10. "A fé é tanto um ato de fé ou de confiança (*fides qua*) quanto o que é acreditado ou confessado (*fides quae*). Os dois aspectos caminham inseparavelmente, pois a confiança é a adesão a uma mensagem que tem um conteúdo inteligível, e a confissão não pode ser reduzida a palavra sem conteúdo, só dos lábios, mas deve vir do coração".[1] O Antigo e o Novo Testamento mostram claramente que a forma e o conteúdo da fé caminham juntos.

b) As dimensões pessoal e eclesial da fé

11. As Escrituras mostram que a dimensão pessoal da fé se integra na dimensão eclesial; se encontra tanto o singular quanto o plural da primeira pessoa: "Nós também abraçamos a fé" (Gl 2,16), e "Eu vivo na fé" (cf. Gl 2,19-20). Em suas cartas, Paulo reconhece a fé dos cristãos como uma realidade ao mesmo tempo pessoal e eclesial. Ele ensina que qualquer pessoa que confessa que "Jesus é o Senhor" está inspirada pelo Espírito Santo (cf. 1Cor 12,3). O Espírito incorpora todos os fiéis no Corpo de Cristo e lhe dá um papel especial na construção da Igreja (cf. 1Cor 12,4-27). Na Carta aos Efésios, a confissão de um só e único Deus está ligada à realidade de uma vida de fé na Igreja: "Há um só Corpo e um só Espírito, como também é uma só a

---

[1] CTI, *Teologia hoje*, n. 13.

esperança à qual fostes chamados. Há um só Senhor, uma só fé, um só batismo, um só Deus e Pai de todos, acima de todos, no meio de todos e em todos" (Ef 4,4-6).

12. Em suas dimensões pessoal e eclesial, a fé apresenta os seguintes aspectos essenciais:

i) A fé requer o arrependimento. Na mensagem dos profetas de Israel e de João Batista (cf. Mc 1,4), bem como na pregação da Boa-Nova por parte de Jesus mesmo (Mc 1,14ss) e na missão dos apóstolos (At 2,38-42; 1Ts 1,9ss), arrepender-se significa confessar os próprios pecados e começar uma nova vida, vivida na comunidade da aliança de Deus (cf. Rm 12,1ss).

ii) A fé é expressa e nutrida pela oração e pela adoração (*leitourgia*) ao mesmo tempo. A oração pode assumir várias formas – pedido, súplica, louvor e ação de graças – e a confissão de fé é uma forma especial de oração. A oração litúrgica, e por excelência a celebração da Eucaristia, foi, desde os primeiros tempos, essencial para a vida da comunidade cristã (cf. At 2,42). A oração tem lugar tanto em público (cf. 1Cor 14) quanto em particular (cf. Mt 6,5). Para Jesus, o Pai-Nosso (Mt 6,9-13; Lc 11,1-4) exprime a essência da fé. É "um resumo de todo o Evangelho".[2] De forma

---

[2] TERTULIANO, *De oratione*, I, 6. In: *Corpus Christianorum, Series Latina* (= *CCSL*), 1, p. 258.

significativa, a linguagem que ele usa é o "nós" e o "nosso".

iii) A fé procura o conhecimento. Aquele que acredita é capaz de reconhecer a verdade de Deus (cf. Fl 3,10ss). Tal conhecimento está enraizado em uma reflexão sobre a experiência de Deus, fundada na revelação e compartilhada na comunidade dos fiéis. Este é o testemunho da teologia sapiencial, tanto no Antigo quanto no Novo Testamento (Sl 111,10; Pr 1,7; 9,10; Mt 11,27; Lc 10,22).

iv) A fé conduz à confissão (*martyria*). Inspirados pelo Espírito Santo, os fiéis sabem em quem depositaram sua confiança (cf. 2Tm 1,12), e eles são capazes de explicar a esperança que há neles (cf. 1Pd 3,15), graças à proclamação profética e apostólica do Evangelho (cf. Rm 10,9ss). Eles fazem isso em seu nome próprio, mas dentro da comunhão dos crentes.

v) A fé implica a confiança. Confiar em Deus significa fundar toda a sua vida na promessa de Deus. Em Hb 11, muitos crentes do Antigo Testamento são nomeados como membros de uma grande procissão que caminha através do tempo e espaço para Deus no céu, conduzida por Jesus, o autor e realizador da fé (cf. Hb 12,2). Os cristãos fazem parte desta procissão, compartilhando a mesma esperança e a mesma convicção (Hb 11,1), e "com tamanha nuvem de testemunhas em torno de nós" (Hb 12,1).

vi) A fé implica a responsabilidade e, especialmente, a caridade e o serviço (*diakonia*). Os discípulos são reconhecidos "pelos seus frutos" (Mt 7,20). Os frutos pertencem essencialmente à fé, porque a fé, que vem da escuta da Palavra de Deus, requer a obediência à vontade de Deus. A fé que justifica (Gl 2,16) é "a fé agindo pelo amor" (Gl 5,6; cf. Tg 2,21-24). O amor pelo irmão ou pela irmã é, de fato, o critério do amor de Deus (cf. 1Jo 4,20).

c) A capacidade dos fiéis de conhecer a verdade e de testemunhá-la

13. Em Jeremias, uma "nova aliança" é prometida, que comportará a interiorização da Palavra de Deus: "Colocarei a minha lei no seu coração, vou gravá-la em seu coração; serei o Deus deles e eles, o meu povo. Ninguém mais precisará ensinar seu irmão, dizendo-lhe: 'Procura conhecer o Senhor!'. Do menor ao maior, todos me conhecerão – oráculo do Senhor. Já terei perdoado suas culpas, de seu pecado nunca mais me lembrarei" (Jr 31,33-34). É preciso que o Povo de Deus seja criado de novo, recebendo "um espírito novo", a fim de ser capaz de conhecer a lei e segui-la (Ez 11,19-20). Essa promessa se cumpre no ministério de Jesus e na vida da Igreja através do dom do Espírito Santo. Ele se realiza de uma forma muito especial na celebração da Eucaristia, na qual os fiéis recebem o cálice que é "nova aliança" no sangue do Senhor (Lc 22,20; 1Cor 11,25; cf. Rm 11,27; Hb 8,6-12; 10,14-17).

14. Em seu discurso de despedida, no contexto da Última Ceia, Jesus prometeu aos seus discípulos o "Advogado", o Espírito da verdade (cf. Jo 14,16.26; 15,26; 16,7-14). O Espírito recordará as palavras de Jesus (Jo 14,26), e os tornará capazes de dar testemunho da Palavra de Deus (Jo 15,26-27), "quando ele vier, acusará o mundo em relação ao pecado, à justiça e ao julgamento" (Jo 16,8), e "guiará" os discípulos "em toda a verdade" (Jo 16,13). Tudo isso acontece graças ao dom do Espírito Santo através do mistério pascal, celebrado na vida da comunidade cristã, particularmente na Eucaristia, até que o Senhor venha (cf. 1Cor 11,26). Os discípulos possuem um senso inspirado da verdade sempre atual da Palavra de Deus, encarnada em Jesus, e de seu significado para hoje (cf. 2Cor 6,2). É este o que conduz o Povo de Deus, guiado pelo Espírito Santo, para dar testemunho de sua fé na Igreja e no mundo.

15. Moisés desejava que todo o povo fosse profeta ao receber o Espírito do Senhor (cf. Nm 11,29). Esse desejo se tornou uma promessa escatológica com o profeta Joel, e, em Pentecostes, Pedro anuncia que essa promessa está cumprida: "Nos últimos dias, diz o Senhor, derramarei do meu Espírito sobre toda carne, e vossos filhos e filhas profetizarão" (At 2,17; cf. Jl 3,1). O Espírito prometido (At 1,8) foi derramado, tornando os fiéis capazes de "anunciar as maravilhas de Deus" (At 2,11).

16. A primeira descrição da comunidade dos fiéis em Jerusalém combina quatro elementos: "Eles eram perseverantes em ouvir o ensinamento dos apóstolos, na comunhão fraterna, na fração do pão e nas orações"

(At 2,42). A assiduidade a esses quatro elementos manifesta com força a fé apostólica. A fé adere à doutrina autêntica dos apóstolos, que recorda os ensinamentos de Jesus (cf. Lc 1,1-4), atrai os fiéis à comunhão recíproca, se renova no encontro com o Senhor na fração do pão e se alimenta da oração.

17. Quando no seio da Igreja de Jerusalém surgiu um conflito entre os helenistas e os hebreus sobre o serviço cotidiano, os Doze apóstolos convocaram a "multidão dos discípulos" e tomaram uma decisão que "agradou a toda a multidão". Toda a comunidade escolheu "sete homens de boa reputação, cheios do Espírito e de sabedoria" e os apresentou aos apóstolos que, após ter rezado, lhes impuseram as mãos (At 6,1-6). Quando surgiram problemas na Igreja de Antioquia sobre a circuncisão e a prática da Torá, o caso foi remetido ao julgamento da Igreja-mãe de Jerusalém. O resultado do Concílio apostólico foi de máxima importância para o futuro da Igreja. Lucas descreveu cuidadosamente o desdobramento dos acontecimentos. "Então, os apóstolos e os anciãos reuniram-se para tratar desse assunto" (At 15,6). Pedro contou como ele foi inspirado pelo Espírito Santo para batizar Cornélio e sua família, embora eles não fossem circuncidados (cf. At 15,7-11). Paulo e Barnabé contaram sua experiência missionária na Igreja local em Antioquia (cf. At 15,12; cf. 15,1-5). Tiago considerou essas experiências à luz das Escrituras (cf. At 15,13-18), e propôs uma decisão que favorecia a unidade da Igreja (cf. At 15,19-21). "Então os apóstolos e os anciãos, de acordo com toda a Igreja, resolveram escolher alguns dentre eles para mandá-los à Antioquia, com Paulo e Barnabé" (At 15,22). A carta que comunicava a decisão foi recebida pela comunidade com a alegria da fé (cf. At 15,23-33). Para Lucas, esses acontecimentos demonstram uma ação eclesial apropriada, que envolve tanto o ministério pastoral dos apóstolos e anciãos quanto a participação da comunidade, que recebe de sua fé esta capacidade de participar.

18. Ao escrever aos coríntios, Paulo faz uma identificação entre a loucura da cruz e a sabedoria de Deus (cf. 1Cor 1,18-25). Explicando como esse paradoxo pode ser compreendido, ele afirma: "Nós, todavia, temos o pensamento de Cristo" (1Cor 2,16; ἡμεῖς δὲ νοῦν Χριστοῦ ἔχομεν; *nos autem sensum Christi habemus*, na *Vulgata*). O "nós" aqui se refere à Igreja de Corinto em comunhão com seu apóstolo, como parte da totalidade da comunidade dos fiéis (cf. 1Cor 1,1-2). A capacidade de reconhecer o Messias crucificado como a sabedoria de Deus é dada pelo Espírito Santo; ela não é um privilégio dos sábios e dos escribas (cf. 1Cor 1,20), mas é dada aos pobres, aos marginalizados e aos que são "loucos" aos olhos do mundo (cf. 1Cor 1,26-29). Mesmo assim, Paulo critica os coríntios por ainda serem "carnais", e não estarem prontos para o "alimento sólido" (cf. 1Cor 3,1-4). A sua fé ainda precisa amadurecer e melhor se refletir em suas palavras e em suas ações.

19. No seu ministério, Paulo dá prova de respeito pela fé de suas comunidades e deseja que ela se aprofunde. Em 2Cor 1,24, ele descreve sua missão de apóstolo assim: "Não temos a pretensão de dominar a vossa fé; mas o que queremos é colaborar para a vossa alegria. Pois quanto à fé, estais firmes". E ele encoraja os coríntios: "Permanecei firmes na fé" (1Cor 16,14). Aos tessalonicenses, ele escreve uma carta "para vos confirmar e encorajar na vossa fé" (1Ts 3,2), e reza de forma semelhante pela fé das outras comunidades (cf. Cl 1,9; Ef 1,17-19). O apóstolo não só trabalha para aumentar a fé dos outros, mas ele sabe que por meio disto também a sua fé se fortalece, em uma espécie de diálogo de fé: "[...] a fim de que todos nós sejamos reconfortados, eu por vós e vós por mim, graças à fé que nos é comum" (Rm 1,12). A fé da comunidade é um ponto de referência para o ensinamento de Paulo e uma preocupação central de seu serviço pastoral, resultando em uma troca entre ele e suas comunidades, em benefício de ambas as partes.

20. Na Primeira Carta de João, é feita referência à Tradição apostólica (1Jo 1,1-4), e os leitores são convidados a recordar o próprio Batismo: "Vós recebestes a unção do Santo, e todos vós tendes conhecimento" (1Jo 2,20). A carta continua: "Quanto a vós, a unção que recebestes de Jesus permanece convosco, e não tendes necessidade de que alguém vos ensine. A sua unção vos ensina tudo, e ela é verdadeira e não mentirosa. Por isso, conforme vos ensinou, permanecei nele" (1Jo 2,27).

21. Finalmente, no Livro do Apocalipse, João, o profeta, repete em todas as suas cartas às Igrejas (Ap 2-3) a fórmula: "Quem tem ouvidos, ouça o que o Espírito diz às Igrejas" (Ap 2,7 e outros). Ele instrui os membros da Igreja para prestar atenção à palavra viva do Espírito, para recebê-la e dar glória a Deus. É pela obediência da fé, que já é um dom do Espírito, que os fiéis são capazes de reconhecer o ensinamento que eles receberam como verdadeiro ensinamento do mesmo Espírito e de responder às instruções dadas a eles.

2. O desenvolvimento da ideia e seu papel na história da Igreja

22. O conceito de *sensus fidelium* começou a ser desenvolvido e utilizado de forma mais sistemática no tempo da Reforma, embora o papel decisivo do *consensus fidelium* no discernimento e no desenvolvimento da doutrina em matéria de fé e de moral já tivesse sido reconhecido durante os períodos patrístico e medieval. No entanto, é necessário prestar maior atenção ao papel específico dos leigos a este respeito. Esta questão recebe atenção especial a partir do século XIX.

a) O período patrístico

23. Padres e teólogos dos primeiros séculos consideram que a fé de toda a Igreja era um ponto de referência seguro para discernir o conteúdo da Tradição apostólica. Sua convicção sobre a solidez, e até mesmo a infalibilidade do discernimento da Igreja inteira em matéria de fé e moral, se exprimia no contexto de controvérsias. Eles refutaram as novidades perigosas introduzidas pelos hereges, colocando-os em confronto com o que se mantinha e se fazia em todas as Igrejas.[3] De acordo com Tertuliano (cerca de 160 a 225), o fato de que todas as Igrejas substancialmente têm a mesma

---

[3]   Yves M.-J. Congar aponta várias questões doutrinárias no uso do *sensus fidelium* em *Jalons pour une théologie du laïcat* (Paris: Editions du Cerf, 1953), p. 450-453, Anexo II: "O *sensus fidelium* nos padres", p. 465-467.

fé atesta a presença de Cristo e a ação diretiva do Espírito Santo; erram aqueles que abandonam a fé de toda a Igreja.[4] Para Agostinho (354-430), toda a Igreja, "dos bispos até o menor dos fiéis", testemunha a verdade.[5] O consentimento geral do cristão assume o papel de norma segura para determinar a fé apostólica: *"Securus judicat orbis terrarum* (o julgamento do mundo inteiro é seguro)".[6] João Cassiano (cerca de 360-435) considerava que o consentimento universal dos fiéis constituía um argumento suficiente para refutar os hereges,[7] e Vicente de Lérins (falecido por volta de 445) propunha como normativa a fé vivida em toda parte, sempre e por todos (*quod ubique, quod semper, quod ab omnibus creditum est*).[8]

24. Para resolver as disputas entre os fiéis, os Padres da Igreja apelaram não só para a crença comum, mas também para a tradição constante de uma prática. Jerônimo (cerca de 345-420), por exemplo, justificou a veneração

---

Tradução para o português: CONGAR, Yves M.-J. *Os leigos na Igreja.* Escalões para uma teologia do laicato. São Paulo: Herder, 1966.

[4] TERTULIANO, *De præscriptione hæreticorum*, 21 et 28, *CCSL* 1, p. 202-203 e 209.

[5] AGOSTINHO, *De prædestinatione sanctorum*, XIV, 27 (*PL* 44, 980). Ele diz isso a propósito da canonicidade do Livro da Sabedoria.

[6] AGOSTINHO, *Contra epistolam Parmeniani*, III, 24 (*PL* 43, 101). Cf. *De baptismo*, IV, xxiv, 31 (*PL* 43,174) (a propósito do Batismo das crianças): "Quod universa tenet Ecclesia, nec conciliis institutum, sed semper retentum est, nonnisi auctoritate apostolica traditum rectissime creditur".

[7] CASSIANO, *De incarnatione Christi*, I, 6 (*PL* 50, 29-30): "Sufficere ergo solus nunc ad confutandum hæresim deberet consensus omnium, quia indubitatæ veritatis manifestatio est auctoritas universorum".

[8] VICENTE DE LÉRINS, *Commonitorium* II, 5 (*CCSL* 64, p. 149). Jérôme, *Adversus Vigilantium* 5 (*CCSL* 79C, p. 11-13).

das relíquias ao chamar a atenção para a prática de bispos e fiéis,[9] e Epifânio (cerca de 315-403), para defender a virgindade perpétua de Maria, perguntou se alguém já tinha tido a audácia de pronunciar o seu nome sem a adição de "a Virgem".[10]

25. O período patrístico atesta principalmente o testemunho dado pelo Povo de Deus em seu conjunto como algo que tem um determinado caráter objetivo. Argumentava que o povo crente, considerado como um todo, não pode errar em matéria de fé, porque ele recebeu uma unção de Cristo, o Espírito Santo que lhe foi prometido e o capacita a discernir a verdade. Alguns Padres da Igreja também refletiram sobre a capacidade subjetiva de cristãos, animados pela fé e nos quais habita o Espírito Santo, para conservar a verdadeira doutrina da Igreja e rejeitar o erro. Agostinho, por exemplo, chamou a atenção sobre este ponto quando afirma que Cristo, "o Mestre interior", torna os leigos capazes, assim como os seus pastores, não só para receber a verdade da revelação, mas também para aprová-la e transmiti-la.[11]

26. Nos primeiros cinco séculos, a fé da Igreja como um todo será decisiva para determinar o cânon das Escrituras e para a definição das doutrinas principais que diziam

---

[9] JERÔNIMO, *Adversus Vigilantium* 5 (*CCSL* 79C, p. 11-13).

[10] **EPIFANEO DE SALAMINA**, *Panarion hæreticorum*, 78, 6; Die griechischen christlichen Schriftsteller der ersten Jahrhunderte, Epiphanius, Bd 3, p. 456.

[11] AGOSTINHO, *In Iohannis Evangelium tractatus*, XX, 3 (*CCSL* 36, p. 204); *Ennaratio in psalmum* 120,7 (*PL* 37,1611).

respeito, por exemplo, à divindade de Cristo, à virgindade perpétua e à maternidade divina de Maria, à veneração e à invocação dos santos. Em alguns casos, como observou o Beato John Henry Newman (1801-1890), a fé dos leigos, em particular, desempenhou um papel crucial. O exemplo mais marcante foi no século quarto com a célebre controvérsia com os arianos, que foram condenados pelo Concílio de Niceia (325), onde foi definida a divindade de Jesus Cristo. No entanto, deste Concílio até o de Constantinopla (381), continuou a haver incerteza entre os bispos. Durante esse período, "a tradição divina confiada à Igreja infalível foi proclamada e mantida muito mais pelos fiéis do que pelo episcopado". "Houve uma suspensão temporária das funções da *Ecclesia docens*. O corpo dos bispos falhou em sua confissão de fé. Eles falavam de um modo diferente, uns contra os outros; depois de Niceia, não houve, por quase sessenta anos, testemunho firme, invariável, consistente".[12]

b) O período medieval

27. Newman também observou que "em uma época posterior, quando os estudiosos beneditinos da Alemanha (cf. Rábano Mauro, cerca de 780-856) e da França (cf. Ratramno, morto cerca de 870) mostravam perplexidade em sua formulação da doutrina da presença real, Pascásio

---

[12] NEWMAN, John Henry, *On Consulting the Faithful in Matters of Doctrine* [*Sur la consultation des fidèles en matière de doctrine*], com uma introdução de John Coulson (London, Geoffrey Chapman, 1961), p. 75-101; p. 75 e 77. Ver igualmente do mesmo autor *The Arians of the Fourth Century* (1833; 3. ed. 1871). Congar exprime algumas reservas quanto ao uso que Newman faz da análise desta questão: ver CONGAR, *Jalons pour une théologie du laïcat*, p. 395.

(cerca de 790 a 860) teve o apoio dos fiéis quando ele a afirmava".[13] Algo semelhante aconteceu com o dogma da visão beatífica, definido pelo Papa Bento XII em sua constituição *Benedictus Deus* (1336), e que afirma que as almas desfrutam desta visão imediatamente após o purgatório e antes do dia do juízo:[14] "[...] a tradição, na qual se baseia a definição, manifesta o *consensus fidelium* com uma clareza que não foi trazida pela sucessão dos bispos, embora muitos deles fossem *Sancti Patres ab ipsis Apostolorum temporibus*"."Uma consideração toda particular foi acordada ao *sensus fidelium*; certamente não que se perguntasse a sua opinião ou conselho; mas seu testemunho foi recebido, foram consultados seus sentimentos, se temia, ouso quase dizer, sua impaciência."[15] O desenvolvimento contínuo entre os fiéis da crença e devoção na Imaculada Conceição da bem-aventurada Virgem Maria, apesar da oposição por parte de alguns teólogos a essa doutrina, é um dos maiores exemplos do papel desempenhado na Idade Média pelo *sensus fidelium*.

28. Os doutores escolásticos reconheceram que a Igreja, a *congregatio fidelium*, não pode errar em matéria de fé, porque ela é ensinada por Deus, unida a Cristo, sua Cabeça, e que o Espírito Santo habita nela. Tomás de Aquino, por exemplo, leva isso como um ponto de partida, e a razão é que a Igreja universal é governada pelo Espírito Santo, que, conforme prometido pelo Senhor Jesus, lhe ensinará

---

[13] NEWMAN, *On Consulting the Faithful*, p. 104.
[14] Ver DH 1.000.
[15] NEWMAN, *On Consulting the Faithful*, p. 70.

"toda a verdade" (Jo 16,13).[16] Ele sabia que a fé da Igreja universal se expressa por seus prelados com autoridade,[17] mas ele também tinha um interesse todo particular pelo instinto da fé pessoal de cada fiel, que ele havia perscrutado em relação à virtude teologal da fé.

c) *O período da Reforma e da pós-Reforma*

29. Os desafios postos aos reformadores no século XVI exigiam uma atenção renovada ao *sensus fidei fidelium*, e que resultou no primeiro tratado sistemático do conceito. Os reformadores enfatizaram a primazia da Palavra de Deus na Sagrada Escritura (*Sola Scriptura*) e do sacerdócio dos fiéis. Segundo eles, o testemunho interior do Espírito Santo dá a todos os fiéis a capacidade de interpretar por eles mesmos a Palavra de Deus. Essa convicção, no entanto, não os impediu de dar instrução nos sínodos e produzir catecismos para a instrução dos fiéis. As suas doutrinas colocavam em questão, entre outras coisas, o papel e o estatuto da Tradição, a autoridade de ensino (o Magistério) do Papa e dos bispos, e a infalibilidade dos Concílios. A fim de responder à afirmação deles, segundo a qual a promessa da presença

---

[16] TOMÁS DE AQUINO, *Summa theologiæ*, II^a II^æ, q. 1, a. 9, s. c.; III^a, q. 83, a. 5, s. c. (à propósito da liturgia da missa); *Quodl.* IX, q. 8 (à propósito da canonização). Cf. também BOAVENTURA, *Commentaria in IV librum Sententiarum*, d. 4, p. 2, dub. 2 (*Opera omnia*, v. 4, Quaracchi, 1889, p. 105): "[Fides Ecclesiæ militantis] quamvis possit deficere in aliquibus personis specialiter, generaliter tamen numquam deficit nec deficiet, iuxta illud Matthæi ultimo: "Ecce ego vobiscum sum usque ad consummationem sæculi"; d. 18, p. 2, a. un. q. 4 (p. 490). Na *Summa theologiæ*, II^a II^æ, q. 2, a. 6, ad 3, São Tomás refere esta indefectibilidade da Igreja universal à promessa feita por Jesus a Pedro: a sua fé não poderia falhar (Lc 22,32).

[17] *Summa theologiæ*, II^a II^æ, q. 1, a. 10; q. 11, a. 2, ad 3.

de Cristo e a ação de guia do Espírito Santo foi dada a toda a Igreja, e não somente aos Doze, mas também a cada batizado,[18] os teólogos católicos foram induzidos a explicar mais completamente em que sentido os pastores estão a serviço da fé do povo. Ao fazer isso, eles concederam uma atenção crescente à autoridade magisterial da hierarquia.

30. Os teólogos da Reforma católica, com base nos esforços anteriores para desenvolver uma eclesiologia sistemática, retomaram a questão da revelação, de suas fontes e de sua autoridade. Eles responderam, antes de tudo, à crítica que os reformadores faziam a algumas doutrinas recorrendo à infalibilidade *in credendo*[19] de toda a Igreja, clero e leigos juntos. E, de fato, o Concílio de Trento repetidamente apelou ao julgamento de toda a Igreja para defender os artigos controversos da doutrina católica. Seu decreto sobre o sacramento da Eucaristia (1551), por exemplo, invoca especificamente "o sentir universal da Igreja (*universum Ecclesiae sensum*)".[20]

31. Melchior Cano (1509-1560), que participou do Concílio, oferece pela primeira vez uma abordagem desenvolvida do *sensus fidei fidelium* ao defender que os católicos reconhecem a força probatória da Tradição na argumenta-

---

[18] Ver MARTINHO LUTERO, *De captivitate Babylonica ecclesiæ præcludium*, WA 6, 566-567; e JOÃO CALVINO, *Institutio christianæ religionis*, IV, 8,11; as promessas de Cristo se encontram em Mt 28,19 e Jo 14,16.17.

[19] Ver Gustavo THILS, *L'Infaillibilité du peuple chrétien "in credendo". Notes de théologie post-tridentine* (Paris, Desclée de Brouwer, 1963).

[20] DH 1637; ver também DH 1726. Para as expressões equivalentes, ver CONGAR, Yves M.-J. *La Tradition et les traditions*, II. *Essai théologique* (Paris, Fayard, 1963), p. 82-83.

ção teológica. Em seu tratado *De theologicis loci*[21] (1564), ele identificava no presente assentimento comum dos fiéis um dos quatro critérios para determinar se uma doutrina ou uma prática pertencia à tradição apostólica.[22] Em um capítulo sobre a autoridade da Igreja em matéria de doutrina, ele argumentava que a fé da Igreja não pode falhar, porque ela é a Esposa (cf. Os 2; 1Cor 11,2) e o Corpo de Cristo (cf. Ef 5), e porque o Espírito Santo a guia (cf. Jo 14,16.26).[23] Cano também observava que a palavra "Igreja" significava, algumas vezes, todos os fiéis, incluindo pastores, e, outras vezes, seus chefes e pastores (*principes et pastores*), porque eles também possuíam o Espírito Santo.[24] Ele usava o termo em seu primeiro sentido, quando afirmava que a fé da Igreja não poderia falhar, que a Igreja não poderia errar em sua crença, e que a infalibilidade não pertencia apenas à Igreja do passado, mas também à Igreja na sua constituição presente. Ele utilizava "Igreja" no segundo sentido quando ensinava que seus pastores eram infalíveis no momento em que faziam julgamentos doutrinais autorizados, porque eles

---

[21] *De locis theologicis*, sob a direção de Juan Belda Plans (Madrid, 2006). Cano enumera dez lugares: *Sacra Scriptura, traditiones Christi et apostolorum, Ecclesia Catholica, Concilia, Ecclesia Romana, sancti veteres, theologi scholastici, ratio naturalis, philosophi, humana historia*.

[22] *De locis theol,* livre IV, ch. 3 (p. 117)."Si quidquam est nunc in Ecclesia communi fidelium consensione probatum, quod tamen humana potestas efficere non potuit, id ex apostolorum traditione necessario derivatum est".

[23] *De locis theol,* livre I, ch. 4 (p. 144-146).

[24] *De locis theol,* livre I, ch. 4 (p. 149): "Non solum Ecclesia universalis, id est, collectio omnium fidelium hunc veritatis spiritum semper habet, sed eundem habent etiam Ecclesiæ principes et pastores". No livro VI, Cano afirma a autoridade do Pontífice Romano quando ele define uma doutrina *ex cathedra*.

estavam sendo assistidos pelo Espírito Santo nesta tarefa[25] (Ef 4; 1Tm 3).

32. Roberto Belarmino (1542-1621), em sua defesa da fé católica contra os críticos da Reforma, tomou como ponto de partida a Igreja visível, "a universalidade de todos os fiéis". Para ele, tudo o que os fiéis tinham como *de fide* e tudo o que os bispos ensinavam como pertencente à fé era, necessariamente, verdade e devia ser acreditado.[26] Ele argumentou que os concílios da Igreja não poderiam falhar, porque eles possuíam este *consensus Ecclesiae universalis*.[27]

33. Outros teólogos do período pós-tridentino continuaram a afirmar a infalibilidade da *Ecclesia* (pelo qual eles entendiam a Igreja toda, incluindo seus pastores) *in credendo*, mas eles começaram a distinguir de forma bastante clara os papéis da "Igreja docente" e da "Igreja

---

[25] *De locis theol*, livre I, ch. 4 (p. 150-151): "Priores itaque conclusiones illud astruebant, quicquid ecclesia, hoc est, omnium fidelium concio teneret, id verum esse. Hæc autem illud affirmat pastores ecclesiæ doctores in fide errare non posse, sed quicquid fidelem populum docent, quod ad Christi fidem attineat, esse verissimum".

[26] ROBERTO BELARMINO, *De controversiis christianæ fidei* (Venise, 1721), II, I, livro 3, cap. 14: "Et cum dicimus Ecclesiam non posse errare, id intelligimus tam de universitate fidelium quam de universitate Episcoporum, ita ut sensus sit eius propositionis, ecclesia non potest errare, idest, id quod tenent omnes fideles tanquam de fide, necessario est verum et de fide ; et similiter id quod docent omnes Episcopi tanquam ad fidem pertinens, necessario est verum et de fide" (p. 73).

[27] *De controversiis* II, I, livro 2, cap. 2: "Concilium generale repræsentat Ecclesiam universam, et proinde consensum habet Ecclesiæ universalis; quare si Ecclesia non potest errare, neque Concilium œcumenicum, legitimum et approbatum, potest errare" (p. 28).

discente". A ênfase anterior sobre a infalibilidade "ativa" da *Ecclesia in credendo* foi gradualmente substituída por uma ênfase sobre o papel ativo da *Ecclesia docens*. Tornou-se comum dizer que a *Ecclesia discens* tinha somente uma infalibilidade "passiva".

d) O século XIX

34. O século XIX foi um momento decisivo para a doutrina do *sensus fidei fidelium*. Ele viu acontecer na Igreja Católica a consciência da historicidade, o ressurgimento do interesse pelos Padres da Igreja e pelos teólogos medievais, e um renovado estudo do mistério da Igreja, em parte como resposta às críticas provenientes dos representantes da cultura moderna e cristãos de outras tradições, e, em parte, em virtude de um amadurecimento interno. Neste contexto, os teólogos católicos, como Johann Adam Möhler (1796-1838), Giovanni Perrone (1794-1876) e John Henry Newman, prestaram uma atenção nova ao *sensus fidei fidelium* como *locus theologicus*, a fim de explicar como o Espírito Santo mantém toda a Igreja na verdade e de justificar o desenvolvimento da doutrina da Igreja. Os teólogos começaram a iluminar o papel ativo de toda a Igreja e, especialmente, a contribuição dos fiéis leigos na preservação e transmissão da fé da Igreja. O Magistério confirma implicitamente esta concepção no processo que levou à definição da Imaculada Conceição (1854).

35. A fim de defender a fé católica contra o racionalismo, Johann Adam Möhler, da Universidade de Tubinga, procurou descrever a Igreja como um organismo vivo e estabelecer os princípios que regem o desenvolvimento da doutrina. De acordo com ele, é o Espírito Santo que anima, orienta e une os fiéis como comunidade em Cristo, suscitando neles uma "consciência" eclesial da fé (*Gemeingeist* ou *Gesamtsinn*), algo semelhante a *Volksgeist* ou um espírito nacional.[28] Este *sensus fidei*, que é a dimensão subjetiva da Tradição, inclui necessariamente um elemento objetivo, o ensinamento da Igreja, pois o "sentido" cristão dos fiéis, que vive em seus corações e que é praticamente equivalente à Tradição, nunca está separado do seu conteúdo.[29]

36. John Henry Newman estudou o *sensus fidei fidelium*, em primeiro lugar, para resolver suas próprias dificuldades no desenvolvimento da doutrina. Ele foi o primeiro a publicar um tratado inteiramente dedicado a este último tema, An Essay on the Development of Christian Doctrine [Um ensaio sobre o desenvolvimento da doutrina cristã] (1845), e a estabelecer as características de um verdadeiro desenvolvimento. Para distinguir entre verdadeiro e falso desenvolvimento, adotou a norma de Agostinho – o assentimento geral de toda a Igreja (*Securus judicat orbis terrarum*) –, mas ele percebeu claramente que uma autoridade infalível era necessária para manter a Igreja na verdade.

---

[28] MÖHLER, J. A. *Die Einheit in der Kirche oder das Prinzip des Katholizismus* [1825], ed. por J. R. Geiselmann (Cologne et Olten, Jakob Hegner, 1957), 8s. e 50s.

[29] MÖHLER, J. A. *Symbolik oder Darstellung der dogmatischen Gegensätze der Katholiken und Protestanten, nach ihren öffentlichen Bekenntnisschriften* [1832], ed. por J. R. Geiselmann (Cologne et Olten, Jakob Hegner, 1958), § 38. Contra o princípio protestante da interpretação privada, ele reafirma a importância do julgamento de toda a Igreja.

37. Usando as ideias de Möhler e Newman,[30] Perrone encontra a concepção patrística do *sensus fidelium* para responder a um desejo difundido de uma definição papal da Imaculada Conceição. Ele encontrou no consentimento unânime ou *conspiratio* dos fiéis e de seus pastores uma garantia da origem apostólica desta doutrina. Ele sustenta que os teólogos mais eminentes atribuíram valor probatório ao *sensus fidelium*, e que a força de um dos "instrumentos da tradição" poderia suprir o defeito de outro, como, por exemplo,"o silêncio dos Padres".[31]

38. É evidente a influência das pesquisas de Perrone na decisão do Papa Pio IX de proceder à definição da Imaculada Conceição, se se considera que, antes de fazer esta definição, o Papa pediu aos bispos do mundo inteiro que lhe enviasse um relatório escrito sobre a devoção de seu clero e de seus fiéis sobre a concepção da Virgem Imaculada.[32] Na constituição apostólica que contém a definição, *Ineffabilis Deus* (1854), o Papa Pio IX disse que, embora

---

[30] Em 1847, Newman reencontra Perrone e eles discutem as ideias de Newman sobre o desenvolvimento da doutrina. Newman faz uso da noção de *sensus ecclesiæ* neste contexto. Cf. T. Lynch, ed, The Newman-Perrone Paper on Development, in *Gregorianum* 16 (1935), p. 402-447, sobretudo cap. 3, n. 2, 5.

[31] PERRONE, João. *De Immaculato B. V. Mariæ Conceptu an Dogmatico Decreto definiri possit* (Rome, 1847), 139, 143-145. Perrone concluía que o fiel cristão ficaria "profundamente escandalizado" se a Imaculada Conceição de Maria fosse "não só vagamente posta em questão" (p. 156). Ele havia encontrado outros casos em que o Magistério estava apoiado no *sensus fidelium* para efetuar uma definição doutrinal, por exemplo, a doutrina de que as almas dos justos gozam da visão beatífica já antes da ressurreição dos mortos (p. 147-148).

[32] Ver PAPA PIO IX, Carta encíclica *Ubi Primum* (1849), n. 6.

já soubesse o pensamento dos bispos sobre isso, pediu aos bispos informá-lo, em particular, da piedade e da devoção dos fiéis a esse respeito, e ele concluiu que "as Sagradas Escrituras, a venerável Tradição, o sentimento constante da Igreja (*perpetuus Ecclesiae sensus*), o acordo notável dos bispos católicos e os fiéis (*singularis catholicorum Antistitum ac fidelium conspiratio*) e os Atos e Constituições memoráveis de nossos predecessores" ilustram de modo admirável esta doutrina e a proclamam.[33] Ele usou, portanto, a linguagem do tratado de Perrone para descrever o testemunho comum dos bispos e dos fiéis. Newman enfatizou a palavra *conspiratio* e fez o seguinte comentário: "As duas, a Igreja docente e a Igreja discente, estão unidas como um único duplo testemunho, reciprocamente se esclarecem e nunca devem estar divididas".[34]

39. Quando, mais tarde, Newman escreveu *On Consulting the Faithful in Matters of Doctrine* [Consulta aos fiéis em matéria de doutrina] (1859), seu propósito foi demonstrar que os fiéis (enquanto distintos de seus pastores) têm um papel limpo e ativo a desempenhar na conservação e na transmissão de fé. "A tradição dos apóstolos foi confiada a toda a Igreja em suas diversas partes e funções *per modum unius*", mas os bispos e os fiéis leigos dão testemunho de modo diverso. A Tradição, diz ele, "se manifesta de maneiras diferentes em épocas diferentes: às vezes, pela boca do episcopado, às vezes pelos médicos, às vezes pelo povo, às vezes pelas liturgias, ritos, cerimônias e

---

[33] PAPA PIO IX, Constituição apostólica *Ineffabilis Deus* (1854).
[34] NEWMAN, *On Consulting the Faithful*, p. 70-71.

costumes, pelos acontecimentos, controvérsias, movimentos, e todos os outros fenômenos que estão incluídos sob o nome de história.[35] Para Newman, "há algo no *pastorum et fidelium conspiratio* que não se encontra só entre os pastores".[36] Nesta obra, Newman cita longamente os argumentos que Giovanni Perrone havia proposto para a definição da Imaculada Conceição cerca de dez anos antes.[37]

40. A Constituição Dogmática *Pastor Aeternus* do Concílio Vaticano I, que definia o Magistério infalível do Papa, não ignorou o *sensus fidei fidelium*; pelo contrário, ela o pressupôs. O projeto original da Constituição, *Supremi pastoris*, que foi a base da *Pastor Aeternus*, tinha um capítulo sobre a infalibilidade da Igreja (Capítulo IX).[38] No entanto, quando a ordem do dia foi alterada para abordar a questão da infalibilidade papal, a discussão deste princípio foi adiada e nunca mais foi retomada. Na sua *relatio* sobre a definição da infalibilidade papal, o bispo Vincent Gasser, no entanto, explica que a assistência especial dada ao Papa não o coloca a parte na Igreja e não exclui nem a consulta nem a cooperação.[39] A definição da Imaculada Conceição

---

[35] NEWMAN, *On Consulting the Faithful*, p. 63, cf. p. 65. Newman distingue sistematicamente "os pastores" e "os fiéis". Ele acrescenta, às vezes, "os doutores" (os teólogos) como categoria distinta de testemunhas, e inclui o baixo clero entre "os fiéis", salvo quando ele especifica "os fiéis leigos".

[36] NEWMAN, *On Consulting the Faithful*, p. 104.

[37] NEWMAN, *On Consulting the Faithful*, p. 64-70; ibid. o § 37.

[38] MANSI, III (51), p. 542-543. Este capítulo afirma que a infalibilidade da Igreja se estende a toda verdade revelada, na Escritura e na Tradição – isto é, ao depósito da fé, a tudo o que é necessário para defender e preservar, mesmo se não foi revelado.

[39] MANSI, IV (52), p. 1213-1214.

foi um exemplo, segundo ele, de um caso "difícil, em que o Papa julgou necessário, para sua informação, interrogar os bispos, como meios ordinários, sobre o pensamento das Igrejas".[40] Quanto à fórmula desejada com o fim de excluir o galicanismo, a *Pastor Aeternus* afirmou que as definições doutrinais *ex cathedra* do Papa em matéria de fé e moral são irreformáveis "por si mesmas, e não apenas em virtude do consenso da Igreja (*ex sese non autem ex consensu Ecclesiae*)",[41] não tornou o *consensus Ecclesiae* supérfluo. O que foi excluído é a teoria segundo a qual uma tal definição exigiria este consentimento, antecedente ou consequente, como condição para ter autoridade.[42] Em resposta à crise modernista, um decreto do Santo Ofício, *Lamentabili* (1907), confirmou a liberdade da *Ecclesia docens* vis-à-vis da *Ecclesia discens*. O decreto censurava uma proposta segundo a qual os pastores poderiam ensinar apenas o que os fiéis já acreditassem.[43]

e) O século XX

41. No século XX, os teólogos católicos examinaram a doutrina do *sensus fidei fidelium* no contexto de uma teologia da Tradição, de uma eclesiologia renovada e da teologia do

---

[40] Ibid., p. 1217. Gasser acrescenta: "sed talis casus non potest statui pro regula".

[41] DH, n. 3074. Um dos "quatro artigos" da posição galicana afirmava que o julgamento do Papa "não é irreformável a não ser que ele receba o consentimento da Igreja".

[42] Ver GASSER, in MANSI, 52, p. 1213-1214.

[43] Eis a proposição condenada: "Na definição das verdades colaboram de tal modo a Igreja discente e a Igreja docente, que à Igreja docente só resta sancionar as opiniões comuns da Igreja discente" (DH, n. 3406).

laicato. Eles enfatizaram que "a Igreja" não se identifica com seus pastores; que toda a Igreja, pela ação do Espírito Santo, foi o sujeito ou o "órgão" da Tradição; e que os leigos têm um papel ativo na transmissão da fé apostólica. O Magistério assumiu estes desenvolvimentos tanto na consulta, que levou à definição da gloriosa Assunção da bem-aventurada Virgem Maria, quanto no Concílio Vaticano II, que restabeleceu e confirmou a doutrina do *sensus fidei* .

42. Em 1946, o Papa Pio XII, acompanhando a disposição de seu antecessor, enviou a carta encíclica *Deiparae Virginis Mariae* aos bispos de todo o mundo, pedindo-lhes para informar "sobre a devoção de seu clero e de seu povo (tendo em conta sua fé e sua devoção) para com a Assunção da Virgem Maria". Assim, ele reafirmou a prática consistente de consultar os fiéis como um pré-requisito para uma definição dogmática, e, na constituição apostólica *Munificentissimus Deus* (1950), informa a "resposta quase unânime" que tinha recebido.[44] A fé na Assunção de Maria estava, de fato,"profundamente enraizada no pensamento dos fiéis".[45] Pio XII fez referência à "concordância entre o ensino do Magistério ordinário da Igreja e a fé do povo cristão", e disse agora sobre a fé na Assunção de Maria o mesmo que o Papa Pio IX havia dito sobre a fé na sua Imaculada Conceição, a saber, que há uma *singularis catholicorum Antistitum et fidelium conspiratio.*

---

[44] *MDe*, n. 12.

[45] *MDe*, n. 41

Ele acrescentou que esta *conspiratio* mostra "de forma completamente certa e infalível" que a Assunção de Maria era "uma verdade revelada por Deus e contida no depósito divino que Cristo deu a sua Esposa para que ela a guarde fielmente e a ensine infalivelmente".[46] Em ambos os casos, as definições papais, portanto, confirmam e celebram a fé mantida saudavelmente pelos fiéis.

43. Yves M.-J. Congar (1904-1995) trouxe uma contribuição significativa para o desenvolvimento da doutrina do *sensus fidei fidelis* e do *sensus fidei fidelium*. Em sua obra *Jalons pour une théologie du laïcat* (publicada pela primeira vez em 1953), ele examinou a doutrina em termos de participação dos leigos na missão profética da Igreja. Congar estava familiarizado com a obra de Newman, e ele adotou o mesmo esquema (ou seja, a tríplice função da Igreja, o *sensus fidelium* como uma expressão da função profética) sem, todavia, referi-lo diretamente a Newman.[47] Ele descreveu o *sensus fidelium* como um dom do Espírito Santo, "concedido ao mesmo tempo à hierarquia e a todo o corpo de fiéis", e ele distinguiu a realidade objetiva de fé (que constitui a Tradição) de seu aspecto subjetivo, a graça da fé.[48] Onde no passado os autores haviam enfatizado a distinção entre a *Ecclesia docens* e a *Ecclesia discens*, Congar teve o cuidado de mostrar a sua unidade orgânica.

---

[46] *MDe*, n. 12.

[47] Ver CONGAR, *Jalons pour une théologie du laïcat*, capítulo 6. O esquema se encontra no Prefácio da terceira edição da *Via Media* de Newman (1877).

[48] CONGAR, *Jalons pour une théologie du laïcat*, p. 398.

"A Igreja que crê e ama, isto é, o corpo dos fiéis, é infalível na posse viva da fé, e não em um ato ou em um juízo particular", escreveu ele.[49] O ensino da hierarquia está a serviço da comunhão.

44. O ensinamento do Concílio Vaticano II reflete a contribuição de Congar. O capítulo I da *Lumen Gentium*, sobre "O Mistério da Igreja", ensina que o Espírito Santo "habita na Igreja e nos corações dos fiéis como em um templo". "Ele conduz a Igreja à plenitude da verdade (cf. Jo 16,13). Unifica-a na comunhão e no ministério. Dota-a e dirige-a mediante os diversos dons hierárquicos e carismáticos. E adorna-a com seus frutos (cf. Ef 4,11-12; 1Cor 12,4; Gl 5,22)."[50] O segundo capítulo prossegue, considerando a Igreja como um todo, "o Povo de Deus", antes de qualquer distinção entre clérigos e leigos. A passagem que menciona o *sensus fidei* (*LG*, n. 12) ensina que, uma vez que ele "recebeu a unção do Santo (cf. 1Jo 2,20.27)", "o conjunto dos fiéis [...] não pode enganar-se no ato de fé". "O Espírito da verdade" suscita e mantém um "senso sobrenatural da fé (*supernaturali sensu fidei*)", que se manifesta "quando,'desde os bispos até os últimos fiéis leigos', apresenta um consenso universal sobre questões de fé e costumes". Graças ao *sensus fidei*, "o Povo de Deus – sob a direção do sagrado Magistério, a quem fielmente respeita – não já recebe a palavra de homens, mas verdadeiramente a Palavra de Deus"

---

[49] *Jalons pour une théologie du laïcat*, p. 399.

[50] *LG*, n. 4.

(cf. 1Ts 2,13). De acordo com esta descrição, o *sensus fidei* é uma capacidade ativa ou uma sensibilidade que torna o Povo de Deus capaz de receber e compreender a "fé uma vez por todas confiada aos santos" (cf. Jd 3). E, de fato, pelo *sensus fidei*, o povo não só "apega-se indefectivelmente à fé", mas "penetra-a mais profundamente e mais plenamente a aplica na vida". Este é o meio pelo qual o povo participa "da função profética de Cristo".[51]

45. A *Lumen Gentium* descreve, em seguida, nos capítulos III e IV, como Cristo exerce sua função profética não só através dos pastores da Igreja, mas também pelos fiéis leigos. A Constituição ensina que "até a plena manifestação da sua glória" o Senhor realiza a sua função, "não só através da hierarquia, que ensina em seu nome e com o seu poder, mas também através dos leigos". Quanto a estes últimos, ela continua: "Por essa razão, constituiu-os testemunhas e ornou-lhes com o senso da fé e da graça da palavra (*sensu fidei et gratia verbi instruit*) (cf. At 2,17-18; Ap 19,10), para que brilhe a força do Evangelho na vida cotidiana, familiar e social". Fortalecidos pelos sacramentos, "os leigos tornam-se valiosos pregoeiros da fé nas coisas a serem esperadas" (cf. Hb 11,1); "os leigos podem e devem

---

[51] *LG*, n. 12. Em diversos outros lugares, o Concílio faz referência ao "sentido" dos crentes ou da Igreja de uma forma análoga ao *sensus fidei* da *LG*, n. 12. Ele faz referência ao *sensus Ecclesiæ* (*DV*, n. 23), ao *sensus apostolicus* (*AA*, n. 25), ao *sensus catholicus* (*AA*, n. 30), ao *sensus Christi et Ecclesiæ* e ao *sensus communionis cum Ecclesia* (*AG*, n. 19), ao *sensus christianus fidelium* (*GS*, n. 52), e a um *integer christianus sensus* (*GS*, n. 62).

exercer preciosa ação para a evangelização do mundo".[52] Aqui, o *sensus fidei* está presente como um dom de Cristo dado aos fiéis, e, ainda mais uma vez, ele é descrito como uma capacidade ativa pela qual os fiéis são feitos capazes de compreender, viver e anunciar as verdades da revelação divina. Esta é a base do seu trabalho de evangelização.

46. O *sensus fidei* é também mencionado no ensinamento do Concílio sobre o desenvolvimento da doutrina, no contexto da transmissão da fé apostólica. A *Dei Verbum* afirma que a Tradição apostólica "progride na Igreja sob a assistência do Espírito Santo: cresce, com efeito, a compreensão tanto das coisas como das palavras transmitidas". E o Concílio identifica três formas em que isso acontece: "seja pela contemplação e estudo dos que creem, os quais as meditam em seu coração (cf. Lc 2,19.51), seja pela íntima compreensão que experimentam das coisas espirituais (*ex intima spiritualium rerum quam experiuntur intelligentia*), seja pela pregação daqueles (bispos) que com a sucessão do episcopado receberam o carisma seguro da verdade".[53] Embora esta passagem não use a expressão *sensus fidei*, está claro que a contemplação, o estudo e a compreensão dos fiéis, a que se referem, estão todos claramente associados ao *sensus fidei*; e a maioria dos comentaristas concorda que os Padres do Concílio conscientemente fizeram uso da teoria do desenvolvimento da doutrina de Newman.

---

[52] *LG*, n. 35.
[53] *DV*, n. 8.

Quando se lê este texto à luz da descrição do *sensus fidei* que faz a *Lumen Gentium* 12 – como um senso sobrenatural da fé inspirada pelo Espírito Santo, pelo qual o povo, sob a condução de seus pastores, adere indefectivelmente à fé –, vê-se imediatamente que expressa a mesma ideia. Ao referir-se "à unidade singular do espírito" que deve existir entre os bispos e os fiéis na prática e na profissão da fé transmitida pelos apóstolos, a *Dei Verbum* usa realmente a mesma expressão encontrada nas definições dos dois dogmas marianos, *singularis fiat Antistitum et fidelium conspiratio*.[54]

47. Desde o Concílio, o Magistério tem reiterado vários pontos-chave da doutrina conciliar sobre o *sensus fidei*.[55] Ele também abordou uma questão nova, ou seja, que é importante não pressupor que a opinião pública, dentro da Igreja ou fora dela, é necessariamente idêntica ao *sensus fidei* (*fidelium*). Na sua exortação pós-sinodal *Familiaris Consortio* (1981), o Papa João Paulo II considerou qual relação que "o senso sobrenatural da fé" possa ter com o "consenso dos fiéis" e a opinião da maioria, determinada por pesquisas sociológicas e por estatísticas. O *sensus fidei*, escreve ele, "não consiste

---

[54] *DV*, n. 10; cf. *Ineffabilis Deus*, n. 18, e *MDe*, n. 12.

[55] Ver, por exemplo, o ensinamento do Papa João Paulo II na exortação apostólica *Christifideles Laici* (1988), segundo a qual todos os fiéis tomam parte na tríplice função de Cristo, e a menção que ele faz aos fiéis leigos que "são feitos partícipes do senso da fé sobrenatural da Igreja (*sensum fidei supernaturalis Ecclesiæ*) que 'não pode errar na fé' (*LG*, n. 12)" (n. 14). Ver também, em referência ao ensinamento da *LG*, n. 12 e 35, e de *DV*, n. 8, a declaração da Congregação para a Doutrina da Fé (CDF), *Mysterium Ecclesiæ* (1973), n. 2.

só ou necessariamente no consenso dos fiéis". É tarefa dos pastores da Igreja "promover o sentido da fé em todos os fiéis, examinar e julgar com autoridade a autenticidade de suas expressões, e formar os fiéis para um discernimento evangélico sempre mais maduro".[56]

---

[56] *FC*, n. 5. Em sua Instrução sobre a vocação eclesial do teólogo, *Donum Veritatis* (1990), a CDF combate a identificação da "opinião de um grande número de cristãos" com o *sensus fidei*: "Este é uma propriedade da fé teologal" e "um dom de Deus, que faz aderir pessoalmente à Verdade", de sorte que o cristão crê no que a Igreja crê. De fato, se nem todas as opiniões dos fiéis têm necessariamente a fé por origem, e se um grande número de pessoas são influenciadas pela opinião pública, é necessário sublinhar, assim como fez o Concílio, "a relação indissolúvel entre *sensus fidei* e orientação do Povo de Deus por parte do Magistério dos pastores" (n. 35).

Capítulo 2

O *SENSUS FIDEI* NA VIDA PESSOAL DO FIEL

48. O segundo capítulo concentra-se na natureza do *sensus fidei fidelis*. O quadro de referência é constituído, em particular, pelos argumentos e pelas categorias oferecidas pela teologia clássica para entender como a fé é vivida pelo fiel tomado como indivíduo. Embora a visão bíblica da fé seja mais ampla, a compreensão clássica destaca um aspecto essencial: a adesão do intelecto, impulsionado pelo amor, à verdade revelada. Esta conceituação de fé ainda é útil nos dias de hoje para iluminar o entendimento do *sensus fidei fidelis*. Neste contexto, o capítulo também considera algumas manifestações do *sensus fidei fidelis* na vida pessoal dos fiéis, deixando claro que os aspectos pessoais e eclesiais do *sensus fidei* são inseparáveis.

1. O *sensus fidei* como instinto da fé

49. O *sensus fidei fidelis* é uma espécie de instinto espiritual que capacita o fiel a julgar de forma espontânea se algum ensinamento particular ou determinada prática está ou não em conformidade com o Evangelho e com a fé apostólica. Ele está intrinsecamente ligado à própria virtude da fé; decorre da fé e é uma propriedade dela.[1] Pode ser comparado a um instinto, porque não é primariamente o resultado de deliberação racional, mas assume a forma de um conhecimento espontâneo e natural, um tipo de percepção (*aisthêsis*).

50. O *sensus fidei fidelis* vem em primeiro lugar e acima de tudo da conaturalidade que a virtude da fé estabelece entre o sujeito crente e o objeto autêntico da fé, isto é, a verdade de Deus revelada em Cristo Jesus. Em geral, a conaturalidade refere-se a uma situação em que uma entidade A mantém um relacionamento íntimo com outra entidade B, de tal forma que A toma parte nas disposições naturais de B como se fossem próprias. A conaturalidade permite uma forma de conhecimento original e profundo. Na medida, por exemplo, em que dois amigos estão unidos, o primeiro é capaz de julgar de forma espontânea o que convém ao outro, porque ele compartilha as mesmas inclinações do outro e compreende por conaturalidade o que é bom ou ruim para ele. Em outras palavras, ele possui um conhecimento de uma ordem diferente do que o conhecimento objetivo, do qual procede por meio de conceitualização e de raciocínio. É um conhecimento por empatia, ou um conhecimento do coração.

---

[1] O *sensus fidei fidelis* pressupõe, para os fiéis, a virtude da fé. Com efeito, é esta experiência da fé vivida que torna o fiel capaz de discernir se uma doutrina pertence ou não ao depósito da fé. Só, portanto, em um sentido muito largo e derivado que se pode atribuir ao *sensus fidei fidelis* o discernimento necessário para o ato da fé inicial.

51. Toda virtude torna conatural o próprio sujeito, ou, em outras palavras, aquele que a possui, ao seu objeto, isto é, a certo tipo de ação. Por virtude se entende, aqui, uma disposição estável (ou *habitus*) da pessoa para realizar um determinado tipo de comportamento na ordem intelectual ou moral. A virtude é uma espécie de "segunda natureza", pela qual a pessoa humana constrói a si mesma, atualizando-se livremente e de acordo com a reta razão e dos dinamismos inscritos na natureza humana. Dessa forma, ela proporciona uma orientação definitiva e estável à atividade das faculdades naturais; ela direciona-os para comportamentos que a pessoa virtuosa realizará "naturalmente" com "facilidade, autocontrole e alegria".[2]

52. Toda virtude tem um duplo efeito: primeiro, ele inclina naturalmente a pessoa que a possui para um objeto (certo tipo de ação), e, em segundo lugar, ela espontaneamente se distancia de tudo aquilo que é contrário a este objeto. Por exemplo, a pessoa que desenvolveu a virtude da castidade tem uma espécie de "sexto sentido", uma espécie de "instinto espiritual"[3] que lhe permite discernir qual é a atitude correta a adotar mesmo em situações as mais complexas, percebendo espontaneamente o que é conveniente fazer e o que deve evitar. A pessoa casta adota, assim, como que instintivamente, a atitude justa, até mesmo quando o raciocínio conceitual do moralista a possa deixar perplexa e indecisa.[4]

---

[2] *CIC*, n. 1804.

[3] *PC*, n. 12.

[4] Cf. TOMÁS DE AQUINO, *Summa theologiæ*, II^a II^æ, q. 45, a. 2.

53. O *sensus fidei* é a forma que assume este instinto que acompanha toda virtude no caso da virtude da fé. "Assim como para os outros hábitos virtuosos o homem vê o que lhe convém de acordo com este hábito, de igual forma, para o hábito de fé, o espírito do homem se inclina a dar seu assentimento ao que é apropriado à verdadeira fé, e não a outro."[5] A fé, como uma virtude teologal, torna o crente capaz de participar no conhecimento que Deus tem de si mesmo e de todas as coisas. No crente, ela assume a forma de uma "segunda natureza".[6] Pela graça e pelas virtudes teologais, os crentes se tornam "participantes da natureza divina" (2Pd 1,4) e são de alguma forma conaturalizados a Deus. Por consequência, eles reagem espontaneamente em função desta natureza divina participada, da mesma maneira como os seres vivos reagem instintivamente ao que convém ou não à sua natureza.

54. Ao contrário da teologia, que pode ser descrita como uma *scientia fidei*, o *sensus fidei fidelis* não é um conhecimento reflexivo dos mistérios da fé, que desenvolve conceitos e utiliza procedimentos racionais para chegar às suas conclusões. Como o próprio nome indica (*sensus*), ele é bastante semelhante a uma reação natural, imediata e espontânea, comparável a um instinto vital ou uma espécie

---

[5] TOMÁS DE AQUINO, *Summa theologiæ*, II^aII^æ, q. 1, a. 4, ad 3. Cf. II^a II^æ, q. 2, a. 3, ad 2.

[6] Cf. TOMÁS DE AQUINO, *Scriptum*, III, d. 23, q. 3, a. 3, qla 2, ad 2: "Habitus fidei cum non rationi innitatur, inclinat per modum naturæ, sicut et habitus moralium virtutum, et sicut habitus principiorum ; et ideo quamdiu manet, nihil contra fidem credit".

de "faro", pelo qual o crente adere espontaneamente ao que está conforme a verdade da fé e evita o que se opõe.[7]

55. O *sensus fidei fidelis* é infalível em si mesmo quanto ao seu objeto, a verdadeira fé.[8] No entanto, no universo mental real do crente, as intuições corretas de *sensus fidei* podem estar misturadas com várias opiniões puramente humanas, ou mesmo erros relacionados com os limites de um contexto cultural particular.[9] "Se, portanto, a fé teologal enquanto tal não se pode enganar, o fiel pode, ao contrário, ter opiniões errôneas, porque nem todos os seus pensamentos procedem da fé. Nem todas as ideias que circulam entre o Povo de Deus são coerentes com a fé."[10]

56. O *sensus fidei fidelis* deriva da virtude teologal da fé. Esta virtude é uma disposição interna, suscitada pelo amor, para aderir sem reservas à totalidade da verdade revelada por Deus, assim que ela é percebida como tal. A fé, portanto, não implica necessariamente um conhecimento explícito da totalidade da verdade revelada.[11] Segue a isto

---

[7] Cf. MÖHLER, J. A. *Symbolik*, § 38: "Der göttliche Geist, welchem die Leitung und Belebung der Kirche anvertraut ist, wird in seiner Vereinigung mit dem menschlichen ein eigenthümlich christlicher Tact, ein tiefes, sicher führendes Gefühl, das, wie er in der Wahrheit steht, auch aller Wahrheit entgegenleitet".

[8] Por causa da sua relação imediata a seu objeto, um instinto não se pode enganar. Ele é por si infalível. Todavia, o instinto animal não é infalível a não ser no contexto de um ambiente determinado. Quando este contexto muda, o instinto animal pode mostrar-se inadaptado. O instinto espiritual, ao contrário, é mais amplo e maleável.

[9] Cf. TOMÁS DE AQUINO, *Summa theologiæ*, II^{a}II^æ, q. 1, a. 3, ad 3.

[10] CONGREGAÇÃO PARA A DOUTRINA DA FÉ, *Donum veritatis*, n. 35.

[11] Cf. TOMÁS DE AQUINO, *Summa theologiæ*, II^{a}II^æ, q. 2, a. 5-8.

que alguma forma de *sensus fidei* pode existir "nos batizados que são ornados com o belo nome de cristãos, mas não professam na íntegra a fé".[12] A Igreja Católica, pois, deve estar atenta ao que o Espírito pode lhe dizer através dos fiéis das Igrejas e das comunidades eclesiais que não estão em plena comunhão com ela.

57. Como uma propriedade da virtude teologal da fé, o *sensus fidei fidelis* cresce em proporção ao desenvolvimento da virtude da fé. A virtude da fé se enraíza no coração e no espírito dos fiéis e informa sua vida quotidiana, e, ainda mais, o *sensus fidei fidelis* se desenvolve e se fortalece neles. Ora, já que a fé, entendida como uma forma de conhecimento, está baseada no amor, a caridade é necessária para animar e para informar, a fim de torná-la uma fé viva e vivida (*fides formata*). A intensificação da fé no fiel depende principalmente do crescimento de sua caridade, e, por isso, o *sensus fidei fidelis* é proporcional à santidade de sua vida. São Paulo ensina que "o amor de Deus foi derramado em nossos corações pelo Espírito Santo que nos foi dado" (Rm 5,5). Por consequência, o desenvolvimento do *sensus fidei* no espírito do fiel é particularmente devido à ação do Espírito Santo. Como Espírito de amor, que infunde o amor no coração humano, o Espírito Santo abre aos fiéis a possibilidade de um conhecimento mais profundo e mais íntimo de Cristo Verdade, com base em uma união

---

[12] *LG*, n. 15.

de caridade: "Mostrar a verdade convém propriamente ao Espírito Santo, porque é o amor que revela os segredos".[13]

58. A caridade permite aos fiéis o florescimento dos dons do Espírito Santo, que os conduz a uma compreensão superior das questões de fé "com toda a sabedoria e discernimento espiritual" (Cl 1,9).[14] Com efeito, as virtudes teologais só alcançam sua medida plena na vida do fiel se ele se deixar conduzir pelo Espírito Santo (cf. Rm 8,14). Os dons do Espírito são, precisamente, as disposições interiores gratuitas e infundidas, que servem como ponto de apoio para a ação do Espírito Santo na vida do fiel. Por meio dos dons do Espírito, especialmente o do entendimento e o da ciência, os fiéis se tornam capazes de compreender intimamente "as coisas espirituais que eles experimentam"[15] e de rejeitar qualquer interpretação contrária à fé.

59. Em cada fiel há uma interação vital entre o *sensus fidei* e o modo como ele vive a fé em diversos contextos de sua vida pessoal. Por um lado, o *sensus fidei* ilumina e guia a forma como o fiel coloca sua fé em prática. De outro lado, de como ele guarda os mandamentos e põe em prática a sua fé, o fiel adquire uma compreensão mais profunda: "Mas quem pratica a verdade se aproxima da luz, para que

---

[13] TOMÁS DE AQUINO, *Expositio super Ioannis evangelium*, c. 14, lect. 4 (Marietti, n. 1916).

[14] Cf. COMISSÃO TEOLÓGICA INTERNACIONAL, *Teologia hoje*, n. 91-92.

[15] *DV*, n. 8. Na teologia dos dons do Espírito desenvolvida por São Tomás é, em particular, o dom da ciência que aperfeiçoa o *sensus fidei fidelis* como a atitude de discernir o que deve ser crido (cf. TOMÁS DE AQUINO, *Summa theologiæ*, II^a II^æ, q. 9, a. 1, c. e ad 2).

suas ações sejam manifestadas, já que são praticadas em Deus" (Jo 3,21). A prática da fé na realidade concreta das situações existenciais na qual o fiel é colocado por suas relações familiares, profissionais e culturais, enriquece a sua experiência pessoal. Isto lhe permite ver mais claramente o valor e as limitações de uma determinada doutrina, e propor caminhos para uma formulação mais adequada. É por isso que aqueles que ensinam em nome da Igreja devem prestar muita atenção à experiência dos fiéis, especialmente a dos leigos que se esforçam para colocar em prática os ensinamentos da Igreja em áreas onde eles possuem experiência e conhecimento específicos.

2. As manifestações do *sensus fidei* na vida pessoal dos fiéis

60. Pode-se mencionar três manifestações principais do *sensus fidei fidelis* na vida pessoal do fiel. O *sensus fidei fidelis* permite a cada fiel: 1) discernir se um ensinamento particular ou se uma determinada prática que ele encontra na Igreja é coerente ou não com a verdadeira fé pela qual ele vive em comunhão com a Igreja (veja abaixo, n. 61-63); 2) distinguir na pregação o essencial do secundário (n. 64); e 3) identificar e colocar em prática o testemunho a dar de Jesus Cristo no contexto histórico e cultural particular em que ele vive (n. 65).

61. "Caríssimos, não acrediteis em qualquer espírito, mas examinai os espíritos para ver se são de Deus, pois muitos falsos profetas vieram ao mundo" (1Jo 4,1). O *sensus fidei fidelis* dá ao crente a capacidade de discernir se um ensinamento ou uma prática é coerente com a verdadeira fé que ele já vive. Se os crentes como indivíduos percebem ou "sentem" esta coerência, eles dão espontaneamente sua adesão interna a esses ensinamentos ou pessoalmente se empenham em tais práticas, quando se trata de verdades já explicitamente ensinadas ou não ainda.

62. O *sensus fidei fidelis* permite, também, que cada fiel perceba uma desarmonia, incoerência ou contradição entre um ensinamento ou uma prática e a autêntica fé cristã que ele já vive em sua vida. Ele reage, então, do mesmo modo como um apaixonado pela música percebe notas erradas na interpretação de uma peça musical. Neste caso, os fiéis resistem internamente aos ensinamentos ou às práticas em questão, e eles não aceitam ou não tomam parte. "O *habitus* da fé possui esta capacidade, que, graças a ele, o fiel é impedido de dar o próprio consentimento ao que é contrário à fé, da mesma forma como a castidade impede por relação ao que é contrário à castidade."[16]

63. Advertido por seu *sensus fidei*, cada fiel pode chegar a refutar o seu assentimento a um ensino de seus legítimos pastores se ele não reconhece neste ensinamento a voz de Cristo, o Bom Pastor. "As ovelhas o seguem [Bom Pastor], pois conhecem a sua voz. A um estranho, porém, não seguem, mas fogem dele, porque não conhecem a voz dos estranhos" (Jo 10,4-5). Para São Tomás, um fiel, mesmo sem competência teológica, pode, e até deve, resistir em

---

[16] TOMÁS DE AQUINO, *Quæstiones disputatæ de veritate*, q. 14, a. 10, ad 10; cf. *Scriptum*, III, d. 25, q. 2, a. 1, qla 2, ad 3.

virtude do *sensus fidei* ao seu bispo se ele ensina coisas heterodoxas.[17] Em tal caso, o fiel não se considera como critério último da verdade de fé; ao contrário, em vez disso, diante de uma pregação materialmente "autorizada", mas que o desconcerta, mesmo sem ser capaz de explicar exatamente por que, ele adia seu assentimento e apela internamente à autoridade superior da Igreja universal.[18]

64. O *sensus fidei fidelis* também permite ao fiel distinguir na pregação entre o que é essencial à fé católica autêntica e o que, sem ser formalmente contrária à fé, é meramente acidental ou até mesmo indiferente em relação ao coração de fé. Por exemplo, em virtude de seu *sensus fidei* os fiéis individualmente podem relativizar determinadas formas particulares de devoção mariana, em nome de sua adesão ao verdadeiro culto da Virgem Maria. Eles também podem tomar distância de uma pregação que mistura indevidamente fé cristã e opção política partidária. Mantendo o espírito do fiel centrado no que é essencial para a fé, o

---

[17] TOMÁS DE AQUINO, *Scriptum*, III, d. 25, q. 2, a. 1, qla 4, ad 3: "(O crente) não deve dar seu assentimento a um prelado que peca contra a fé [...] O sujeito não está totalmente desculpado por ignorância, porque o *habitus* da fé inclina a refutar uma tal pregação, pois que este *habitus* ensina necessariamente tudo quanto é necessário para a salvação. Igualmente, como não se deve dar crédito muito facilmente a qualquer espírito, nem será necessário dar assentimento a qualquer coisa estranha que fosse pregada, mas é necessário se informar com outros ou simplesmente pôr sua confiança em Deus, sem procurar se aventurar nos mistérios de Deus, que o ultrapassam".

[18] Cf. TOMÁS DE AQUINO, *Scriptum*, III, d. 25, q. 2, a. 1, qla 2, ad 3; *Quæstiones disputatæ de veritate*, q. 14, a. 11, ad 2.

sensus fidei fidelis garante uma autêntica liberdade cristã (cf. Cl 2,16-23), e isso contribui para uma purificação da fé.

65. Graças ao *sensus fidei fidelis* e apoiado na prudência sobrenatural dada pelo Espírito, o fiel é capaz de perceber, em contextos históricos e culturais novos, quais podem ser os meios mais apropriados para dar testemunho autêntico da verdade de Jesus Cristo, e, além disso, nele conformar as suas ações. O *sensus fidei fidelis* se reveste, assim, de uma dimensão prospectiva na medida em que, se fundamentando na fé já vivida, permite ao fiel antecipar um desenvolvimento ou uma explicitação de uma prática cristã. Devido à relação recíproca entre a prática da fé e a compreensão de seu conteúdo, o *sensus fidei fidelis* contribui para emergir e iluminar alguns aspectos da fé católica que antes estavam implícitos; e por causa da relação recíproca entre o *sensus fidei* do fiel enquanto indivíduo e o *sensus fidei* da Igreja como tal, isto é, o *sensus fidei fidelium*, essas evoluções nunca são puramente privadas, mas sempre de natureza eclesial. Os fiéis estão sempre em relação uns com os outros, assim como o Magistério e os teólogos, na comunhão da Igreja.

Capítulo 3

O *SENSUS FIDEI FIDELIUM* NA VIDA DA IGREJA

66. Uma vez que a fé de cada fiel participa na fé da Igreja como sujeito que crê, o *sensus fidei* (*fidelis*) do fiel não pode estar separado do *sensus fidei* (*fidelium*) ou *sensus Ecclesiae*[1] da própria Igreja, que recebeu como dom o Espírito Santo e a sua assistência,[2] o *consensus fidelium* constitui um critério seguro para reconhecer se determinado ensinamento ou uma prática determinada está de acordo com a Tradição apostólica.[3] Portanto, o presente capítulo aborda vários aspectos da *sensus fidei fidelium*. Primeiro, ele considera o papel deste último no desenvolvimento da doutrina e da prática cristãs; depois, duas relações de grande importância para a vida e para a saúde da Igreja, ou seja, entre o *sensus fidei* e o Magistério, e entre o *sensus fidei* e a teologia; finalmente, alguns aspectos ecumênicos do *sensus fidei*.

---

[1] Ibid., n. 30.

[2] Ver CONGAR, *La Tradition et les traditions*, II, p. 81-101, sobre "A Igreja, sujeito da Tradição", e p. 101-108, sobre "O Espírito Santo, sujeito transcendente da Tradição".

[3] Ibid., n. 3.

1. O *sensus fidei* e o desenvolvimento da doutrina e da prática cristã

67. A Igreja inteira, hierarquia e leigos juntos, é responsável pela revelação contida nas Sagradas Escrituras e na Tradição apostólica viva, e é sua mediadora na história. O Concílio Vaticano II declarou que as Sagradas Escrituras e a Tradição "constituem um só sagrado depósito da Palavra de Deus", que é "confiado à Igreja", isto é, o "povo santo todo, unido a seus pastores".[4] O Concílio ensinou claramente que os fiéis não são apenas os destinatários passivos do que a hierarquia ensina e os teólogos explicitam; eles são, ao contrário, sujeitos vivos e ativos no seio da Igreja. Neste contexto, o Concílio sublinhou o papel vital desempenhado por todos os fiéis na expressão e no desenvolvimento da fé: "Esta Tradição, oriunda dos apóstolos, progride na Igreja sob a assistência do Espírito Santo".[5]

a) Aspectos retrospectivos e prospectivos do sensus fidei

68. A fim de entender a sua função e a sua manifestação na vida da Igreja, é necessário examinar o *sensus fidei* no contexto da história, aquela em que o Espírito Santo faz com que cada dia seja tempo de ouvir de novo a voz do Senhor (cf. Hb 3,7-15). A Boa-Nova da vida, da morte e da ressurreição de Jesus Cristo é transmitida a toda Igreja pela Tradição apostólica viva, da qual as Escrituras são o testemunho escrito autorizado. Por conseguinte, pela graça do Espírito Santo, que faz a Igreja recordar tudo o que Jesus

---

[4]   *DV*, n. 10.

[5]   *DV*, n. 8; cf. também *LG*, n. 12 e 37; *AA*, n. 2 e 3; *GS*, n. 43.

disse e fez (cf. Jo 14,26), os fiéis são apoiados na sua fé e no exercício do *sensus fidei* pelas Escrituras e pela ininterrupta Tradição apostólica.

69. No entanto, a fé e o *sensus fidei* não estão apenas ancorados no passado; eles também estão orientados em direção ao futuro. A comunhão dos fiéis é uma realidade histórica: "Edificados sobre o alicerce dos apóstolos e dos profetas, tendo como pedra angular o próprio Cristo Jesus. Nele, a construção toda, bem travada, vai crescendo e formando um templo santo no Senhor" (Ef 2,20-21), no poder do Espírito Santo, que guia a Igreja "em toda a verdade" e revela agora aos fiéis "o que há de vir" (cf. Jo 16,13), de modo que, especialmente na Eucaristia, a Igreja antecipa a volta do Senhor e a chegada do seu Reino (cf. 1Cor 11,26).

70. Enquanto aguarda o retorno de seu Senhor, a Igreja e os seus membros estão constantemente enfrentando novas circunstâncias, o progresso do conhecimento e da cultura, e os desafios da história da humanidade. É necessário, portanto, ler os sinais dos tempos, "interpretá-los à luz da Palavra de Deus", e discernir como seja possível permitir que a mesma verdade revelada seja "mais profundamente conhecida, melhor expressa e mais profundamente adaptada".[6] Neste processo, o *sensus fidei fidelium* tem um papel essencial a desempenhar. Não é apenas reativo, mas também proativo e interativo, para que a Igreja e todos os seus membros realizem a sua peregrinação na história. O *sensus fidei* não é apenas retrospectivo, mas também

---

[6] *GS*, n. 44.

prospectivo, e, embora menos familiares, os aspectos prospectivos e proativos do *sensus fidei* revestem-se de grande importância. O *sensus fidei* oferece intuições que possibilitam abrir um caminho seguro em meio às incertezas e ambiguidades da história, e uma capacidade de auscultar com discernimento o que a cultura humana e o progresso da ciência têm a dizer. Ele guia a vida de fé e a ação cristã autêntica.

71. Pode ser necessário bastante tempo antes que este processo de discernimento chegue a uma conclusão. Diante de novas circunstâncias, os fiéis em geral, os pastores e os teólogos têm cada qual o seu papel a desempenhar; é preciso dar prova de paciência e respeito nas suas relações mútuas se se quiser chegar a um esclarecimento do *sensus fidei* e realizar um verdadeiro *consensus fidelium*, um *conspiratio pastorum et fidelium*.

b) A contribuição dos leigos para o sensus fidelium

72. Desde o início do Cristianismo, todos os fiéis desempenharam um papel ativo no desenvolvimento da fé cristã. Toda a comunidade deu testemunho da fé apostólica, e a história mostra que, quando foi necessário tomar decisões sobre a fé, o testemunho dos leigos foi levado em consideração pelos pastores. Como foi visto na pesquisa histórica anterior,[7] estabelece-se que os leigos desempenharam um papel de primeiro plano na elaboração de várias definições doutrinárias. Houve momentos em que o Povo

---

[7] Ibid., capítulo 1º, 2ª parte.

de Deus, em particular os leigos, sentiram intuitivamente em que direção andaria o desenvolvimento da doutrina, mesmo quando teólogos e bispos estavam divididos sobre uma questão. Outras vezes houve claramente uma *conspiratio pastorum et fidelium*. Às vezes, ainda, quando a Igreja chegou a uma definição, a *Ecclesia docens* havia claramente "consultado" os fiéis, e ela indicava o *consensus fidelium* como um dos argumentos que legitimava a definição.

73. O que é menos conhecido, e ao que geralmente se presta menos atenção, é o papel exercido pelos leigos em relação ao desenvolvimento do ensinamento moral da Igreja. Por isso, é importante refletir também sobre a função exercida por leigos para discernir qual é a concepção cristã de um comportamento humano adequado, de acordo com o Evangelho. Em algumas áreas, o ensinamento da Igreja se desenvolveu como resultado da descoberta das exigências requeridas diante de novas situações feitas pelos leigos. A reflexão dos teólogos e, depois, o julgamento do Magistério dos bispos foram, então, baseados na experiência cristã já iluminada pelas intuições dos fiéis leigos. Alguns exemplos podem ilustrar esse papel do *sensus fidelium* no desenvolvimento da doutrina moral:

> i) Entre o 20º cânon do Concílio de Elvira (cerca de 306), que proibiu o clero e os leigos de receber juros, e a resposta *Non esse inquietandos* da Papa Pio VIII ao bispo de Rennes (1830),[8] houve claramente um desenvolvimento no en-

---

[8] Cf. DH, n. 2722-2724.

sinamento devido tanto ao surgimento de uma nova sensibilidade entre os leigos envolvidos em negócios quanto a uma nova reflexão por parte dos teólogos sobre a natureza do dinheiro.

ii) A abertura da Igreja aos problemas sociais, que se manifesta especialmente na Carta Encíclica *Rerum Novarum* do Papa Leão XIII (1896), foi o resultado de uma lenta preparação na qual os "pioneiros sociais" leigos, homens de ação e de pensamento, desempenharam um papel principal.

iii) O surpreendente desenvolvimento, embora homogêneo, entre a condenação das teses "liberais", contidas na parte X do *Silabo* dos erros do Papa Pio IX (1864), e a Declaração sobre a liberdade religiosa *Dignitatis Humanae* do Concílio Ecumênico Vaticano II (1965), não teria sido possível sem o empenho de muitos cristãos na luta pelos direitos humanos.

A dificuldade de discernir o *sensus fidelium* autêntico em casos como aqueles apenas mencionados sublinha a necessidade de identificar quais são as disposições necessárias para participar de forma autêntica no *sensus fidei*; estas disposições, por sua vez, podem ser utilizadas como critérios para discernir o autêntico *sensus fidei*.[9]

---

[9] *LG*, capítulo 4º.

2. O *sensus fidei* e o Magistério

a) O Magistério está à escuta do sensus fidelium

74. Em matéria de fé, os batizados não podem ser passivos. Eles receberam o Espírito e, como membros do corpo do Senhor, estão dotados de dons e carismas "úteis para a renovação e maior incremento da Igreja",[10] de modo que o Magistério deve estar atento ao *sensus fidelium*, que é a voz viva do Povo de Deus. Os batizados não só têm o direito de serem ouvidos, mas também as suas reações ao que está sendo proposto como pertencente à fé dos apóstolos devem ser consideradas com maior seriedade, porque é por toda a Igreja que a fé apostólica é sustentada no poder do Espírito. O Magistério não tem a responsabilidade exclusiva. Ele deve, portanto, referir-se ao senso da fé de toda a Igreja. O *sensus fidelium* pode revelar-se um fator importante no desenvolvimento da doutrina, e, por consequência, o Magistério precisa ter meios mediante os quais possa consultar os fiéis.

75. A ligação entre o *sensus fidelium* e o Magistério se encontra de maneira particular na liturgia. Os fiéis são batizados num sacerdócio real, que eles exercem principalmente na Eucaristia,[11] e os bispos são os "sumos sacerdotes", que presidem a Eucaristia,[12] onde, também, exercem regularmente a sua função docente. A Eucaristia é a fonte e o ápice da vida da Igreja.[13] É aqui, especialmente, que os

---

[10] *LG*, n. 12.
[11] Cf. *LG*, n. 10 e 34.
[12] Cf. *LG*, n. 21 e 26; *SC*, n. 41.
[13] Cf. *SC*, n. 10; *LG*, n. 11.

fiéis e seus pastores interagem, como um corpo único e em vista de uma única finalidade: para louvar e dar glória a Deus. A Eucaristia plasma e molda o *sensus fidelium*, e isso contribui fortemente para a formulação e o aperfeiçoamento das expressões verbais de fé, pois é aí que o ensinamento dos bispos e dos Concílios é, em última análise, "recebido" pelos fiéis. Desde os primeiros séculos do Cristianismo, a Eucaristia sustém a formulação da doutrina da Igreja, porque é aí que se encontra e se celebra no mais alto grau o mistério da fé; e os bispos que presidem a Eucaristia em suas Igrejas locais no seio de seu povo fiel eram os mesmos que se reuniam em Concílios para determinar a melhor forma de expressar a fé em palavras e fórmulas: *lex orandi, lex credendi*.[14]

b) O Magistério alimenta, discerne e julga
o sensus fidelium

76. O Magistério "daqueles que com a sucessão do episcopado receberam o carisma seguro da verdade"[15] é um ministério de verdade exercido na e pela Igreja, cujos membros têm recebido a unção do Espírito da Verdade (Jo 14,17; 15,26; 16,13; 1Jo 2,20.27) e estão dotados com o *sensus fidei*, um instinto para a verdade do Evangelho. Uma vez que é da responsabilidade do Magistério garantir a fidelidade de toda a Igreja à Palavra de Deus e manter o

---

[14] *CIC*, n. 1124. Cf. IRENEO, *Adv. Hær*, IV, 18, 5 (*Sources chrétiennes*, vol. 100,** p. 610): "Para nós, nosso modo de pensar está de acordo com a Eucaristia, e a Eucaristia, por sua vez, confirma nosso modo de pensar" (ver também *CEC*, n. 1327).

[15] *DV*, n. 8.

Povo de Deus fiel ao Evangelho, também lhe cabe alimentar e educar o *sensus fidelium*. Naturalmente, aqueles que exercem o Magistério, isto é, o Papa e os bispos, são eles mesmos membros batizados do Povo de Deus, que participam, por isso mesmo, do *sensus fidelium*.

77. O Magistério julga, igualmente, com autoridade se as opiniões que estão presentes no Povo de Deus, que podem aparecer como *sensus fidelium*, correspondem realmente à verdade da Tradição recebida dos apóstolos. Como afirma Newman: "O dom de discernir, discriminar, definir, promulgar e dar força de lei a qualquer parte da tradição reside unicamente na *Ecclesia docens*".[16] Assim, o julgamento sobre a autenticidade do *sensus fidelium* pertence, em última análise, não aos próprios fiéis nem à teologia, mas ao Magistério. No entanto, como já foi referido, a fé à qual o Magistério está a serviço é a fé da Igreja, que está viva em todos os fiéis. É, por isso, sempre na comunhão viva da Igreja que o Magistério exerce o seu essencial ministério de supervisão.

c) A recepção

78. Pode-se descrever a "recepção" como um processo pelo qual, sob a orientação do Espírito, o Povo de Deus reconhece intuições ou ideias e as integra na configuração e na estrutura de sua vida e de seu culto, aceitando um novo testemunho da verdade e as formas de expressão que lhe correspondem, porque se compreende que estão de acordo com a Tradição apostólica. O processo de recepção é fun-

---

[16] NEWMAN, *On Consulting the Faithful*, p. 63.

damental para a vida e a saúde da Igreja, enquanto povo peregrinante na história para a plenitude do Reino de Deus.

79. Todos os dons do Espírito, e de modo muito especial o primado na Igreja, são dados para favorecer a unidade da Igreja na fé e na comunhão,[17] e a recepção do ensinamento do Magistério pelos fiéis é inspirada pelo Espírito, quando os fiéis, através do *sensus fidei* que eles possuem, reconhecem a verdade do que é ensinado e a ele aderem. Como explicado anteriormente, o ensinamento do Concílio Vaticano I, pelo qual as definições infalíveis do Papa são irreformáveis "por si mesmas e não em virtude do consentimento da Igreja (*ex sese non autem ex consensu Ecclesiae*)",[18] não significa que o Papa esteja separado da Igreja ou o seu ensinamento seja independente da fé da Igreja.[19] O fato de que as duas definições anteriormente infalíveis, a da Imaculada Conceição da bem-aventurada Virgem Maria e de sua Assunção corporal ao céu, tiveram uma ampla consulta aos fiéis, feita a pedido expresso do Papa então reinante, prova amplamente este ponto.[20] O significado é, mais precisamente, que tal ensinamento do Papa, e por extensão todo o ensinamento do Papa e dos bispos, tem autoridade por si mesmo em virtude do dom do Espírito Santo, o *charisma veritatis certum*, que eles possuem.

80. Há ocasiões, no entanto, em que a recepção do ensinamento do Magistério pelos fiéis encontra dificuldade

---

[17] Cf. VATICANO I, *Pastor Aeternus*, DH, n. 3051.
[18] VATICANO I, *Pastor Aeternus*, cap. 4 (DH, n. 3074).
[19] Ibid., n. 40.
[20] Ibid., n. 38 e 42.

e resistência; é necessário, então, em tais situações, ambos os lados agir de forma adequada. Os fiéis devem refletir sobre o ensinamento que lhe foi dado, fazendo o seu melhor para compreender e para aceitar. Resistir por princípio ao ensinamento do Magistério é incompatível com um autêntico *sensus fidei*. O Magistério deve, igualmente, refletir sobre o ensinamento que foi dado e examinar se não há necessidade de esclarecer ou reformular a fim de comunicar mais eficazmente a sua mensagem essencial. Estes esforços mútuos em tempos de dificuldade expressam a comunhão, que é essencial para a vida da Igreja, assim como a aspiração para receber a graça do Espírito que guia a Igreja "em toda a verdade" (Jo 16,13).

3. O *sensus fidei* e a teologia

81. Como ela está a serviço da inteligência da fé, a teologia procura, dentro da *conspiratio* de todos os carismas e de todas as funções na Igreja, oferecer a ela mesma uma precisão objetiva sobre o conteúdo de sua fé, o que depende necessariamente da existência do *sensus fidelium* e de seu exercício correto. Este *sensus fidelium* não é apenas objeto da atenção dos teólogos, mas constitui um fundamento e um *locus* para o seu trabalho.[21] A própria teologia tem uma relação dupla com o *sensus fidelium*. Por um lado, os teólogos dependem do *sensus fidei*, porque a fé que eles estudam e explicam vive no Povo de Deus. Neste sentido, a teologia deve se colocar na escola de *sensus fidelium*, a fim de descobrir as ressonâncias profundas da Palavra de Deus. Por

---

[21] Cf. CTI, *Teologia hoje*, n. 35.

outro lado, os teólogos ajudam os fiéis a expressar o *sensus fidelium* autêntico, lembrando-lhes as linhas essenciais da fé e ajudando-os a evitar desvios e confusões causadas pela influência de elementos imaginários provenientes de outros lugares. Esta relação dupla deve ser clarificada, como é feito nas secções seguintes (a) e (b).

a) Os teólogos dependem do sensus fidelium

82. Colocando-se na mesma escola de *sensus fidelium*, a teologia está imbuída da realidade da Tradição apostólica, e, mesmo ultrapassando-a, subentende os rigorosos limites das proposições em que o ensino da Igreja é formulado, porque esta Tradição inclui "tudo o que ela mesmo é, tudo o que ela crê".[22] Neste sentido, três considerações especiais se impõem:

  i) A teologia deve esforçar-se por descobrir a palavra que cresce como uma semente no terreno da vida do Povo de Deus, e, depois de determinar que um específico acento, desejo ou atitude provém efetivamente do Espírito, e, portanto, corresponde ao *sensus fidelium*, deve integrá-lo em sua pesquisa.

  ii) Por meio do *sensus fidelium*, o Povo de Deus percebe intuitivamente, em meio à multiplicidade de ideias e doutrinas que se oferecem a ele, o que efetivamente corresponde ao Evangelho, para que ele possa ser recebido. A teologia deve se aplicar a

---

[22] *DV*, n. 8.

examinar cuidadosamente os diferentes níveis da recepção que ocorrem na vida do Povo de Deus.

iii) O *sensus fidelium* suscita, ao mesmo tempo que reconhece a sua autenticidade, a linguagem mística ou simbólica, que frequentemente se encontra na liturgia e na piedade popular. Sensível às manifestações da religiosidade popular,[23] o teólogo deve, efetivamente, participar na vida e na liturgia da Igreja local, a fim de poder apreender profundamente, com o coração e não apenas pelo espírito, o contexto real, histórico e cultural em que a Igreja e seus membros se esforçam para viver a sua fé e dar testemunho de Cristo no mundo de hoje.

b) Os teólogos refletem sobre o sensus fidelium

83. Porque o *sensus fidelium* não se identifica pura e simplesmente com a opinião da maioria dos batizados em uma determinada época, a teologia deve fornecer princípios e critérios que permitam realizar um discernimento, especialmente por parte do Magistério.[24] Através dos instrumentos de crítica, os teólogos ajudam a revelar e a esclarecer o conteúdo do *sensus fidelium*, "reconhecendo e mostrando que as questões relacionadas com a verdade da fé possam ser complexas e requerem uma investigação precisa".[25] Nesta perspectiva, os teólogos devem, também,

---

[23] *Teologia hoje*, n. 107-112.

[24] Ibid., capítulo 4.

[25] CTI, *Teologia hoje*, n. 35; cf. CDF, Instrução sobre a vocação eclesial do teólogo, *Donum veritatis* (1990), n. 2-5, 6-7.

examinar criticamente as expressões da piedade popular, as novas correntes de pensamento e os novos movimentos na Igreja, comprometidos com a fidelidade à Tradição apostólica.[26] Ao fazer isso, os teólogos ajudam a discernir se, em um caso particular, a Igreja está diante de um desvio devido a uma crise de fé ou de uma má compreensão da mesma; ou de uma opinião que tem seu lugar no pluralismo da comunidade cristã, mas que não se relaciona necessariamente com o todo; ou também diante de algo que está em acordo tão perfeito com a fé que deve ser reconhecido como inspirado ou suscitado pelo Espírito.

84. A teologia também é útil ao *sensus fidelium* de uma outra maneira. Ela ajuda os fiéis a conhecer com clareza e precisão o sentido autêntico das Escrituras, o verdadeiro alcance das definições conciliares, os conteúdos próprios da Tradição, bem como as questões que permanecem em aberto – por exemplo, por causa de ambiguidades contidas nas afirmações correntes, ou devido a fatores culturais que deixaram sua marca sobre o que foi transmitido – e nos âmbitos onde é necessária uma revisão de posições anteriores. O *sensus fidelium* se funda em uma compreensão robusta e segura da fé, como a teologia procura promover.

4. Aspectos ecumênicos do *sensus fidei*

85. As noções de *sensus fidei*, de *sensus fidelium* e de *consensus fidelium* foram todas tratadas, ou pelo menos mencionadas, em vários diálogos internacionais entre a

---

[26] Cf. *Teologia hoje*, n. 35.

Igreja Católica e outras Igrejas e comunidades eclesiais. Em linhas gerais, foi acordado durante esses diálogos que todo o corpo de fiéis, leigos e ministros ordenados, tem a responsabilidade de preservar a fé apostólica da Igreja e seu testemunho, e cada um dos batizados, em virtude da unção divina (cf. 1Jo 2,20.27), tem a capacidade de discernir a verdade em matéria de fé. Há também um consenso geral sobre o fato de que alguns membros da Igreja exercem uma responsabilidade especial de ensino e de supervisão, mas sempre em conjunto com o resto dos fiéis.[27]

86. Duas questões específicas relativas ao *sensus fidelium* surgem no contexto do diálogo ecumênico, no qual a Igreja Católica está empenhada de forma irreversível:[28]

    i) Deve-se considerar que apenas as doutrinas que tenham obtido o consentimento comum de todos os cristãos expressam o *sensus fidelium*, e são,

---

[27] Deste ponto de vista, é necessário notar, de modo particular, as seções indicadas nas declarações dos seguintes acordos: COMISSÃO MISTA INTERNACIONAL PARA O DIÁLOGO TEOLÓGICO ENTRE A IGREJA CATÓLICA ROMANA E A IGREJA ORTODOXA, *As consequências eclesiológicas e canônicas da natureza sacramental da Igreja: comunhão eclesial, conciliariedade e autoridade* (2007; declaração de Ravena), n. 7; COMISSÃO INTERNACIONAL ANGLICANA-ROMANA, *O dom da autoridade* (1999), n. 29; CONSULTA INTERNACIONAL ENTRE A IGREJA CATÓLICA E A ALIANÇA EVANGÉLICA MUNDIAL, 1977-1984, *Relatório*, capítulo 1.3; COMISSÃO MISTA INTERNACIONAL DE DIÁLOGO ENTRE OS REPRESENTANTES DA IGREJA CATÓLICA E OS DISCÍPULOS DE CRISTO, *A Igreja como comunhão em Cristo* (1992), n. 40, 45; COMISSÃO MISTA DE DIÁLOGO ENTRE A IGREJA CATÓLICA E O CONSELHO METODISTA MUNDIAL, *A Palavra de Vida* (1995), n. 56, 58.

[28] Cf. JOÃO PAULO II, Carta encíclica *Ut Unum Sint* (1995), n. 3.

portanto, verdadeiras e vinculantes? Tal proposta seria contrária à fé e à prática da Igreja Católica. Através do diálogo, os teólogos católicos e os de outras tradições procuraram chegar a um acordo sobre as questões que dividem; mas os participantes católicos não podem suspender o próprio consentimento às doutrinas reconhecidas que a Igreja Católica possui como próprias.

ii) Deve-se pensar que os cristãos separados participam e contribuem de alguma forma ao *sensus fidelium*? Aqui é necessário, sem dúvida, responder afirmativamente.[29] A Igreja Católica reconhece que "vários elementos de santificação e verdade"[30] são encontrados fora de seus limites visíveis, que "alguns aspectos do mistério cristão foram, às vezes, mais eficazmente postos em luz" em outras comunidades[31] e que o diálogo ecumênico ajuda a aprofundar e a esclarecer a compreensão que ela mesma tem do Evangelho.

---

[29] Ibid., n. 56.

[30] Cf. *LG*, n. 8.

[31] *Ut Unum Sint*, n. 14; cf. n. 28 e 57, onde João Paulo II evoca "a troca de dons" que acontece no diálogo ecumênico. Na sua Carta aos bispos da Igreja Católica sobre alguns aspectos da Igreja entendida como comunhão, *Communionis Notio* (1992), a Congregação para a Doutrina da Fé reconhece de modo análogo que a Igreja Católica sofre ela mesma de "feridas" por causa da perda da comunhão com as outras Igrejas e comunidades eclesiais cristãs (n. 17).

CAPÍTULO 4

COMO DISCERNIR AS MANIFESTAÇÕES AUTÊNTICAS DO *SENSUS FIDEI*

87. Como o *sensus fidei* é essencial à vida da Igreja, agora é necessário examinar como discernir e identificar as suas manifestações autênticas. Tal discernimento é especialmente necessário em situações de tensão onde é necessário distinguir o autêntico *sensus fidei* de simples expressões da opinião popular, de interesses particulares ou do espírito do tempo. Reconhecendo que o *sensus fidei* é uma realidade eclesial na qual cada fiel participa, a primeira parte deste capítulo procurará identificar quais são as características requeridas para que os batizados possam ser verdadeiramente sujeitos do *sensus fidei*, em outras palavras, quais são as disposições necessárias para os fiéis participarem autenticamente no *sensus fidelium*. A criteriologia proposta na primeira parte será concluída na segunda parte deste capítulo por um estudo da aplicação prática destes critérios com relação ao *sensus fidei*. Esta segunda parte examinará três tópicos importantes: em primeiro lugar, a estreita relação entre o *sensus fidei* e a religiosidade popular; em seguida, a necessária distinção entre o *sensus fidei* e a opinião pública, seja dentro, seja fora da Igreja; e, finalmente, a questão de como consultar os fiéis em matéria de fé e moral.

1. As disposições necessárias para uma participação autêntica no *sensus fidei*

88. Não há uma única disposição, mas sim um conjunto de disposições, influenciadas por fatores eclesiais, espirituais e éticos. Nenhuma destas disposições pode ser discutida de forma isolada; as relações de cada uma com as outras e no seu conjunto devem ser levadas em conta. Serão indicadas abaixo as mais importantes disposições necessárias para uma participação autêntica no *sensus fidei*, extraindo-as de uma pesquisa bíblica, histórica e sistemática, e formulando-as de tal modo que possam ser úteis para um julgamento em situações práticas.

a) A participação na vida da Igreja

89. A primeira e a mais fundamental de todas as disposições é a participação ativa na vida da Igreja. Uma pertença formal à Igreja não é suficiente. Participar na vida da Igreja significa oração constante (cf. 1Ts 5,17), participação ativa na liturgia, especialmente a Eucaristia, recepção regular do sacramento da Reconciliação, discernimento e exercício de dons e carismas recebidos do Espírito Santo, e participação ativa na missão da Igreja e na sua *diakonia*. Isso supõe a aceitação da doutrina da Igreja em matéria de fé e moral, a vontade de seguir os mandamentos de Deus e a coragem de exercer a correção fraterna, como também de submeter-se a ela.

90. Tal participação pode realizar-se de mil maneiras; mas o que é comum em todas estas realizações é uma solidariedade ativa com a Igreja, que vem do coração, um sentimento de fraternidade com outros membros fiéis e com toda a Igreja, e, disto, um instinto capaz de perceber quais são as necessidades da Igreja e os perigos que a ameaçam. Essa atitude indispensável se traduz na expressão *sentire cum Ecclesia*: sentir, testemunhar e perceber em harmonia com a Igreja. Ela é necessária não só para os teólogos, mas para todos os fiéis; ela une todos os membros do Povo de Deus em sua peregrinação. Ela é a chave do seu "caminhar juntos".

91. Os sujeitos do *sensus fidei* são os membros da Igreja que participam da vida da Igreja, conscientes de que, "embora muitos, somos em Cristo um só corpo e, cada um de nós, membros uns dos outros" (Rm 12,5).

b) A escuta da Palavra de Deus

92. A participação autêntica no *sensus fidei* está, necessariamente, baseada em uma escuta profunda e atenta da Palavra de Deus. Porque a Bíblia é o testemunho original da Palavra de Deus, transmitida de geração em geração na comunidade de fé,[1] a coerência com a Escritura e com a Tradição é o indicador principal de tal escuta. O *sensus fidei* é a inteligência da fé pela qual o Povo de Deus recebe "não a palavra de homens, mas verdadeiramente a Palavra de Deus".[2]

---

[1] Cf. *LG*, n. 12; *DV*, n. 8.
[2] *LG*, n. 12, aqui faz referência a 1Ts 2,13.

93. Não é pedido a todos os membros do Povo de Deus estudar cientificamente a Bíblia e o testemunho da Tradição. O que é necessário é mais uma escuta atenta e receptiva das Escrituras na liturgia, e uma resposta do coração, o "damos graças a Deus" e "glória a ti, Senhor Jesus", uma confissão fervorosa do mistério de fé, e um "amém" que corresponde ao "sim" dito a Deus e ao seu povo em Cristo Jesus (cf. 2Cor 1,20). A participação na liturgia é a chave para uma participação na Tradição viva da Igreja, e a solidariedade com os pobres e necessitados abre o coração para reconhecer a presença e a voz de Cristo (cf. Mt 25,31-46).

94. Os sujeitos do *sensus fidei* são os membros da Igreja que acolheram "a Palavra [...], com a alegria que vem do Espírito Santo" (1Ts 1,6).

c) A abertura à razão

95. Uma disposição fundamental requerida para uma autêntica participação no *sensus fidei* é a aceitação do papel próprio da razão na sua relação com a fé. A fé e a razão caminham juntas.[3] Jesus ensinou que Deus deve ser amado não só "de todo o teu coração, com toda a tua alma [...] e com toda a tua força", mas também "com todo teu entendimento [voῦς]" (Mc 12,30). Porque há um só Deus, não há mais do que uma verdade conhecida a partir de vários pontos de vista e segundo modalidades diferentes pela fé

---

[3]   Cf. *FR*.

e pela razão. A fé purifica a razão e amplia seu horizonte, e a razão purifica a fé e torna mais clara a sua coerência.[4]

96. Os sujeitos do *sensus fidei* são membros da Igreja que celebram "culto racional" e aceitam o papel da razão iluminada pela fé em suas convicções e em suas práticas. Todos os fiéis são chamados pelo apóstolo: "[...] transformai--vos, renovando vossa maneira de pensar e julgar, para que possais distinguir o que é da vontade de Deus, a saber, o que é bom, o que lhe agrada, o que é perfeito" (Rm 12,1-2).

d) A adesão ao Magistério

97. Outra disposição necessária para a participação autêntica no *sensus fidei* é a atenção ao Magistério da Igreja e à vontade de escutar o ensinamento dos pastores da Igreja, como um ato de liberdade e profunda convicção.[5] O Magistério está enraizado na missão de Jesus, e especialmente em sua própria autoridade de ensino (cf. Mt 7,29). Ele tem uma ligação intrínseca com a Escritura e com a Tradição; "nenhuma destas [três] subsiste sem a outra".[6]

98. Os sujeitos do *sensus fidei* são os membros da Igreja que têm a tarefa de transmitir as palavras de Jesus aos que ele envia: "Quem vos escuta, a mim escuta; e quem vos despreza, a mim despreza; ora, quem me despreza, despreza aquele que me enviou" (Lc 10,16).

---

[4] Cf. CTI, *Teologia hoje*, n. 63, 64 e 84.

[5] Ibid., n. 74-80.

[6] *DV*, n. 10.

e) A santidade – a humildade, a liberdade e a alegria

99. Uma participação autêntica no *sensus fidei* requer a santidade. A santidade é a vocação de toda a Igreja e de cada fiel.[7] Ser santo significa pertencer fundamentalmente a Deus, em Jesus Cristo, e na sua Igreja ser batizado e viver a fé no poder do Espírito Santo. A santidade é, de fato, uma participação na vida de Deus, Pai, Filho e Espírito Santo, e ela contém o amor de Deus e o amor ao próximo, a obediência à vontade de Deus e o compromisso a favor de cada ser humano. Trata-se de uma vida sustentada pelo Espírito Santo, que os cristãos não cessam de invocar e receber (cf. Rm 1,7-8.11), em especial na liturgia.

100. Na história da Igreja, os santos são os portadores da luz do *sensus fidei*. Maria, a Mãe de Deus, a toda santa (*Panaghia*), em sua plena aceitação da Palavra de Deus, é o próprio modelo de fé e Mãe da Igreja.[8] Conservando as palavras de Cristo em seu coração como um tesouro (cf. Lc 2,51) e cantando os louvores da obra salvífica de Deus (cf. Lc 1,46-55), ela ilustra perfeitamente como o *sensus fidei* produz no coração dos fiéis a alegria da Palavra de Deus e o entusiasmo para anunciar a Boa-Nova. Na sucessão das gerações, o dom do Espírito à Igreja produziu uma rica colheita de santidade, e só Deus conhece o número total de santos.[9] Aqueles que foram beatificados e canonizados são propostos como modelos visíveis de fé e de vida cristã. Para a Igreja, Maria e todos os santos são, com a sua oração

---

[7] Cf. *LG*, capítulo 5, sobre "A vocação universal à santidade na Igreja".

[8] *CIC*, n. 963.

[9] Cf. *GS*, n. 11 e 22.

e paixão, testemunhas excepcionais do *sensus fidei* em seu próprio tempo e para todos os tempos, em seu próprio lugar e para todos os lugares.

101. Porque requer basicamente a *imitatio Christi* (cf. Fl 2,5-8), a santidade implica essencialmente humildade. Essa humildade é oposta à hesitação ou à timidez; ela é um ato de liberdade espiritual. A sinceridade (παρρησία), a exemplo do próprio Cristo (cf. Jo 18,20), está relacionada com a humildade e também é uma característica do *sensus fidei*. A própria Igreja é o primeiro lugar onde praticar a humildade. Ela não é uma virtude que só os leigos devem exercer para com os seus pastores, mas eles também têm o mesmo dever no exercício do seu ministério para a Igreja. Jesus ensinou aos Doze: "Se alguém quiser ser o primeiro, seja o último de todos e aquele que serve a todos!" (Mc 9,35). A humildade é vivida geralmente reconhecendo a verdade da fé, o ministério de pastores e a necessidade dos fiéis, especialmente dos mais fracos.

102. Um sinal claro da santidade é "paz e alegria no Espírito Santo" (Rm 14,17; cf. 1Ts 1,6). Estes dons se manifestam antes de tudo em um nível espiritual, e não psicológico ou emocional. É a paz do coração e a alegria tranquila daquele que encontrou o tesouro da salvação, a pérola de grande valor (Mt 13,44-46). A paz e a alegria são, de fato, dois dos frutos mais característicos do Espírito Santo (cf. Gl 5,22). É o Espírito Santo que "move o coração e converte-o a Deus, abre os olhos da mente e dá 'a todos suavidade no consentir e crer na verdade' (*omnibus suavi-*

tatem in consentiendo et credendo veritati)".[10] A alegria é o oposto da amargura e da cólera, que entristece o Espírito Santo (cf. Ef 4,31), e ela é a pedra de toque da salvação.[11] São Pedro exorta os cristãos a se alegrar por participar dos sofrimentos de Cristo, "para que possais exultar de alegria quando se revelar a sua glória" (1Pd 4,13).

103. Os sujeitos do *sensus fidei* são os membros da Igreja que entendem o apelo insistente de São Paulo e respondem: "[...] completai a minha alegria, deixando-vos guiar pelos mesmos propósitos e pelo mesmo amor, em harmonia buscando a unidade. Nada façais por ambição ou vanglória, mas, com humildade, cada um considere os outros como superiores a si [...]" (Fl 2,2-3).

f) A busca da edificação da Igreja

104. A manifestação autêntica do *sensus fidei* contribui para edificar a Igreja como um só corpo, sem nutrir dentro dela divisões ou particularismos. Na Primeira Carta aos Coríntios, esta edificação constitui a essência mesma da participação na vida e na missão da Igreja (cf. 1Cor 14). Edificar significa construir a Igreja, tanto na consciência interna de sua fé quanto nos novos membros que desejam ser batizados na fé da Igreja. A Igreja é a casa de Deus, um templo santo, constituída pelos fiéis que receberam o Espírito Santo (cf. 1Cor 3,10-17). Construir a Igreja significa empenhar-se em descobrir e desenvolver seus próprios dons, como também ajudar os outros a descobrir e desenvolver

---

[10] *DV*, n. 5.
[11] Cf. *EG*, n. 5.

os seus carismas, corrigir seus próprios erros e aceitar a correção fraterna com um espírito de caridade cristã, colaborar com os outros e orar com eles, compartilhar suas alegrias e sofrimentos (1Cor 12,12.26).

105. Os sujeitos do *sensus fidei* são membros da Igreja que refletem o que diz São Paulo aos Coríntios: "A cada um é dada a manifestação do Espírito, em vista do bem de todos" (1Cor 12,7).

2. Aplicações

106. É necessário completar a abordagem das disposições próprias ao *sensus fidei*, considerando algumas questões práticas e pastorais importantes, que dizem respeito, em particular, à relação entre o *sensus fidei* e a religiosidade popular; à necessária distinção entre o *sensus fidei*, de um lado, e a opinião pública ou maioria de outro; e às formas de consultar os fiéis em matéria de fé e moral. Abordar-se-á, por sua vez, cada um desses pontos.

a) O sensus fidei *e a religiosidade popular*

107. Há uma "religiosidade" natural nos seres humanos; as questões religiosas surgem naturalmente na vida de cada ser humano, suscitando uma grande variedade de crenças religiosas e de práticas populares. O fenômeno da religiosidade popular tem sido objeto de muita atenção e de muitos estudos no passado recente.[12]

---

[12] Cf. CONGREGAÇÃO PARA O CULTO DIVINO E A DISCIPLINA DOS SACRAMENTOS (CCDDS), *Directoire sur la piété populaire et la*

108. Há também um uso mais específico do conceito de "religiosidade popular": refere-se à grande variedade de manifestações da fé cristã encontrada no seio do Povo de Deus na Igreja. Refere-se, sobretudo, à "sabedoria católica do povo", que se expressa de muitas maneiras diferentes. Esta sabedoria "faz estar juntos, de forma criativa, o divino e o humano, Cristo e Maria, espírito e corpo, comunhão e instituição, pessoa e comunidade, fé e pátria, inteligência e sentimento", e ela "é também, para o povo, um princípio de discernimento, um instinto evangélico pelo qual capta espontaneamente quando se serve na Igreja o Evangelho e quando ele é esvaziado e asfixiado com outros interesses".[13] Como sabedoria, princípio e instinto, a religiosidade popular tem, obviamente, uma ligação estreita com o *sensus fidei*, e deve ser examinada cuidadosamente no contexto deste estudo.

109. As palavras de Jesus "Eu te louvo, Pai, Senhor do céu e da terra, porque escondeste estas coisas aos sábios e entendidos e as revelaste aos pequeninos" (Mt 11,25; Lc 10,21) são de grande pertinência neste contexto. Elas apontam para a sabedoria e intuição para as coisas de Deus que são dadas àqueles que têm uma fé humilde. Grandes

---

liturgie. Principes et orientations (2001), n. 10: "A realidade indicada com a palavra 'religiosidade popular' se refere a uma experiência universal: no coração de toda pessoa, como na cultura de todo povo e em suas manifestações coletivas, está sempre presente una dimensão religiosa. Todo povo, de fato, tende a expressar sua visão total da transcendência e sua concepção da natureza, da sociedade e da história, através de mediações cultuais, numa síntese característica, de grande significado humano e espiritual".

[13] CELAM, Terceira Conferência Geral (Puebla, 1979), Documento final, n. 448, citado em *CIC*, n. 1676.

multidões de cristãos humildes (e as pessoas que estão além das fronteiras visíveis da Igreja) têm, pelo menos potencialmente, um acesso privilegiado às verdades profundas de Deus. A religiosidade popular provém, em particular, do conhecimento de Deus concedido a eles. "São a manifestação de uma vida teologal animada pela ação do Espírito Santo, que foi derramado em nossos corações (Rm 5,5)."[14]

110. Ao mesmo tempo como um princípio ou instinto e como uma rica diversidade de práticas cristãs, especialmente na forma de atividades de culto, como as devoções, peregrinações e procissões, a religiosidade popular provém do *sensus fidei* e a manifesta. Ela deve ser respeitada e promovida. É necessário reconhecer que a piedade popular, em particular, é "a primeira e fundamental forma de 'inculturação' da fé".[15] Tal piedade é "uma realidade eclesial suscitada e guiada pelo Espírito Santo",[16] pelo qual o Povo de Deus recebe na verdade a unção de um "sacerdócio santo". É natural que o sacerdócio do povo se exprima em uma variedade de formas.

111. A ação sacerdotal do povo encontra corretamente seu ponto culminante na liturgia, e é necessário vigiar para que as devoções populares "se harmonizem com a liturgia".[17] De modo mais geral, como ensinou o Papa Paulo VI,

---

[14] *EG*, n. 125.

[15] J. RATZINGER. *Commento teologico*, em CONGREGAÇÃO PARA A DOUTRINA DA FÉ, *A mensagem de Fátima* (São Paulo, Paulinas, 2000), p. 48; citado em CCDDS, *Diretório*, n. 91.

[16] CCDDS, *Diretório*, n. 50.

[17] *SC*, n. 13.

como ela corre o risco de ser penetrada por "muitas distorções da religião, como as superstições", a religiosidade popular precisa ser evangelizada.[18] No entanto, quando ela é cuidadosamente alimentada em tal sentido e "bem orientada", escreve o Papa, ela é "rica de valores". "Assim, ela traduz em si uma certa sede de Deus, que só os pobres e os simples podem experimentar; ela torna as pessoas capazes para terem rasgos de generosidade e predispõe-nas para o sacrifício até o heroísmo, quando se trata de manifestar a fé; ela comporta um apurado sentido dos atributos profundos de Deus: a paternidade, a providência, a presença amorosa e constante etc. Ela, depois, suscita atitudes interiores que raramente se observam alhures no mesmo grau: paciência, sentido da cruz na vida cotidiana, desapego, aceitação dos outros, dedicação, devoção etc. [...] Bem orientada, esta religiosidade popular pode vir a ser cada vez mais, para as nossas massas populares, um verdadeiro encontro com Deus em Jesus Cristo."[19] Por sua admiração às palavras da

---

[18] *EN*, n. 48. Congar faz referência aos "modismos duvidosos e devoções aberrantes", e adverte: "Atenção para não atribuir demais ao *sensus fidelium*: não só em referência às prerrogativas da hierarquia [...], mas em si mesmo" (*Jalons pour une théologie du laïcat*, p. 399).

[19] *EN*, n. 48. Em seu discurso por ocasião da abertura da IV Conferência Geral do CELAM (Santo Domingo, 12 de outubro de 1992), o Papa João Paulo II disse que, com suas "raízes essencialmente católicas", a religiosidade popular na América Latina era "um antídoto contra as seitas e uma garantia de fidelidade à mensagem da redenção" (n. 12). Ao fazer referência ao documento final da III Conferência Geral do CELAM, o Papa Francisco declara que, onde a fé cristã está autenticamente inculturada, a "piedade popular" constitui uma parte importante do processo pelo qual "o povo se evangeliza continuamente a si mesmo" (*EG*, n. 122).

senhora idosa,[20] o Papa Francisco ecoou estima ao que foi expresso por Paulo VI. Ainda mais uma vez, uma religiosidade popular bem orientada pode ser considerada uma manifestação e expressão do *sensus fidei*, tanto pela sua intuição dos mistérios profundos do Evangelho quanto por seu testemunho corajoso da fé.

112. Pode-se dizer que a religiosidade popular está bem orientada quando ela é verdadeiramente "eclesial". No mesmo texto, Paulo VI indicava alguns critérios de eclesialidade. Ser eclesial significa alimentar-se da Palavra de Deus, não se enredar com polarizações políticas das ideologias, manter-se firmemente em comunhão tanto com a Igreja local quanto com a Igreja universal, com os pastores da Igreja e com o Magistério, e ter um grande ardor missionário.[21] Esses critérios indicam quais as condições necessárias para que a religiosidade popular, e do *sensus fidei* que a sustenta, seja autêntica. Na sua forma autêntica, como mostrado no critério final, uma e outra constituem grandes recursos para a missão da Igreja. O Papa Francisco destaca "a força missionária" da piedade popular, e ele afirma, o que pode ser visto como uma referência ao *sensus fidei*, que "na piedade popular" se encontra "uma força ativamente evangelizadora, que não pode ser subestimada: seria ignorar a obra do Espírito Santo".[22]

---

[20] Ibid., n. 2.

[21] Cf. *EN*, n. 58, onde faz referência à necessidade de assegurar que as *comunidades de base* sejam realmente eclesiais.

[22] *EG*, n. 126.

b) O sensus fidei *e a opinião pública*

113. Uma das questões mais delicadas é a relação entre o *sensus fidei* e a opinião pública ou a maioria, tanto dentro quanto fora da Igreja. A opinião pública é um conceito sociológico, que se aplica primeiro às sociedades políticas. A emergência da opinião pública está relacionada ao nascimento e ao desenvolvimento do modelo político da democracia representativa. Na medida em que o poder político encontra a sua legitimidade no povo, ele deve ser capaz de comunicar seu pensamento e o poder político deve levá-lo em conta no exercício do seu governo. A opinião pública é, portanto, essencial para o bom funcionamento da vida democrática e é importante que ela seja esclarecida e informada de forma competente e honesta. Este é o papel dos meios de comunicação, que, assim, contribuem grandemente para o bem comum da sociedade, desde que não tentem manipular a opinião pública em favor de interesses especiais.

114. A Igreja aprecia os altos valores humanos e morais adotados pela democracia, mas ela não pode ser estruturada de acordo com os princípios de uma sociedade política secular. A Igreja, que é o mistério da comunhão das pessoas com Deus, recebe de Cristo a sua constituição. É dele que deriva a sua estrutura interna e seus princípios de governo. A opinião pública não pode desempenhar na Igreja o papel determinante que ela desempenha, de forma legítima, em sociedades políticas, que estão baseadas no princípio da soberania popular, mesmo que ela tenha efetivamente um papel próprio na Igreja, como se procurará esclarecer em seguida.

115. Os meios de comunicação analisam frequentemente assuntos religiosos. O interesse público em matéria de fé é um bom sinal, e a liberdade de imprensa é um direito humano fundamental. A Igreja Católica não tem medo do debate nem da controvérsia a propósito de seu ensinamento. Ao contrário, acolhe o debate como um sinal de liberdade religiosa. Qualquer um é livre para criticá-la ou defendê-la. Na verdade, reconhece que uma crítica justa e construtiva pode ajudar a perceber mais claramente determinados problemas e apresentar melhores soluções. Ela mesma, por sua vez, está livre para criticar os ataques injustos, e deve ter acesso aos meios de comunicação, a fim de que, se necessário, possa defender a fé. Ela aprecia quando a mídia independente a convida para dar sua contribuição ao debate público. Ela não quer o monopólio da informação, mas reconhece o valor da pluralidade e do intercâmbio de opiniões. No entanto, também conhece a importância de informar a sociedade sobre o verdadeiro significado e o conteúdo de sua fé, como sobre seu ensino moral.

116. Hoje se ouve muito mais frequentemente a voz dos leigos na Igreja, com posições tanto conservadoras quanto progressistas, mas, em geral, eles participam de forma construtiva na vida e na missão da Igreja. O vasto desenvolvimento que a educação trouxe à sociedade teve uma influência considerável sobre as relações no seio da Igreja. A própria Igreja está empenhada no mundo todo em programas de educação destinados a dar às pessoas a voz e os direitos que lhes competem. Portanto, é um bom sinal o interesse que, hoje, muitas pessoas têm pelo ensino da Igreja, pela sua liturgia e pela sua missão de serviço. Muitos membros da Igreja desejam exercer as suas respectivas competências e participar, de acordo com suas formas específicas, na vida da Igreja. Eles se organizam na paróquia, bem como em vários grupos e movimentos, para a construção da Igreja e para influenciar a sociedade como um todo, e buscam ter contato com outros crentes e com as pessoas de boa vontade através da mídia social.

117. As novas redes de comunicação, seja dentro, seja fora da Igreja, exigem novas formas de atenção e crítica, bem como a renovação dos métodos de discernimento. Algumas influências provenientes de grupos com interesses particulares não são compatíveis, ou não inteiramente, com a fé católica. Há determinadas convicções que só podem ser aplicadas em lugares ou épocas particulares; há pressões para enfraquecer o papel da fé no debate público, ou para adaptar a doutrina cristã tradicional aos interesses e às opiniões modernas.

118. É claro que não se pode pura e simplesmente identificar o *sensus fidei* com a opinião pública ou com a maioria. Elas não são, de modo algum, as mesmas coisas.

i) Em primeiro lugar, o *sensus fidei* tem uma clara ligação com a fé, e a fé é um dom que nem todos possuem necessariamente; o *sensus fidei* certamente não pode assimilar a opinião pública da sociedade como um todo. Por conseguinte, como a fé cristã é, naturalmente, o fator primário que une os membros da Igreja, muitas influências diferentes se associam para moldar a opinião dos cristãos que vivem no mundo moderno. Como mostra implicitamente a discussão anterior sobre as disposições, o *sensus fidei*, portanto, não pode simplesmente se identificar pura e simplesmente com a opinião pública ou com a maioria na Igreja. A fé, não a opinião, é o ponto de referência ao qual é necessário prestar atenção. A opinião é, muitas vezes, a expressão, sujeita a frequentes mudanças e transitoriedade, de tendências e desejos de um determinado grupo ou de uma determinada cultura, enquanto a fé é o eco do único Evangelho, que é válido para todos os tempos e para todos os lugares.

ii) Na história do Povo de Deus, muitas vezes não foi a maioria, mas uma minoria que realmente viveu a fé e a testemunhou. O Antigo Testamento conhece o "resto santo" dos fiéis, às vezes, um pequeno número em comparação com os reis, sacerdotes e a maior parte dos israelitas. O próprio Cristianismo começou como uma pequena minoria, censurado e perseguido pelas autoridades públicas. Na história da Igreja os movimentos evangélicos, como os franciscanos e dominicanos, ou mais tarde os jesuítas, começaram como pequenos grupos que alguns bispos e teólogos olharam com desconfiança. Em muitos países, hoje, os cristãos sofrem forte pressão para abandonar a verdade de sua fé e enfraquecer os laços da comunidade eclesial por parte de outras religiões ou ideologias seculares. Por isso, é particularmente importante discernir e escutar as vozes dos "pequenos que creem em mim" (Mc 9,42).

119. É, sem dúvida, necessário distinguir entre o *sensus fidei* e a opinião pública ou a maioria, e para isso é preciso identificar as disposições necessárias para participar do *sensus fidei*, como foram descritas anteriormente. No entanto, é todo o Povo de Deus, na sua unidade interna, que professa e vive a verdadeira fé. O Magistério e a teologia devem trabalhar constantemente para renovar a apresentação da fé em diferentes situações, confrontando, se necessário, as concepções dominantes da verdade cristã com a verdade autêntica do Evangelho; mas é preciso lembrar que a experiência da Igreja demonstra que, por vezes, a verdade da fé foi preservada não pelos esforços de teólogos ou pelo ensino da maioria dos bispos, mas nos corações dos fiéis.

c) As formas de consultar os fiéis

120. Há uma verdadeira igualdade de dignidade entre todos os fiéis, porque pelo Batismo todos nascem de novo em Cristo. "Uma verdadeira igualdade, pela qual todos, segundo a condição e o múnus próprio de cada um, cooperam na construção do Corpo de Cristo."[23] Todos os fiéis, portanto, "de acordo com a ciência, a competência e

---

[23] *Código de Direito Canônico*, cânon 208 (tradução oficial da Conferência Nacional dos Bispos do Brasil. Notas e comentários do Padre Jesús Hortal, sj. São Paulo: Loyola, 1983).

o prestígio de que gozam", têm "o direito e, às vezes, até o dever de manifestar aos pastores sagrados a própria opinião sobre o que afeta o bem da Igreja, ressalvando a integridade da fé e dos costumes e a reverência para com os pastores, e levando em conta a utilidade comum e a dignidade das pessoas".[24] Portanto, é necessário, por consequência, que os fiéis, e particularmente os leigos, sejam tratados com respeito e consideração pelos pastores da Igreja, e que sejam consultados de forma adequada para o bem da Igreja.

121. A palavra "consultar" implica a ideia de buscar um julgamento ou conselho, bem como de indagar sobre determinadas questões. De um lado, em matéria de governo e questões pastorais, os pastores da Igreja podem e devem consultar os fiéis, em alguns casos, no sentido de perguntar a opinião ou julgamento deles. Por outro lado, quando o Magistério define uma doutrina, é oportuno consultar os fiéis no sentido de investigar sobre uma questão de fato, "porque o corpo dos fiéis é uma das testemunhas do fato da Tradição de doutrina revelada, e porque o seu consenso na cristandade é a voz da Igreja infalível".[25]

122. A prática de consultar os fiéis não é uma novidade na vida da Igreja. Na Igreja da Idade Média foi utilizado um princípio do direito romano: *Quod omnes tangit, ab omnibus tractari et approbari debet* [o que afeta a todos deve ser tratado e aprovado por todos]. Nas três áreas da vida da Igreja (fé, sacramentos e governo), "a Tradição unia a uma

---

[24] *Código de Direito Canônico*, cânon 212, § 3º.

[25] NEWMAN, *On Consulting the Faithful*, p. 63; para os dois sentidos da palavra "consultar", ver p. 54-55.

estrutura hierárquica um regime concreto de associação e de acordo", e se considerava que este fosse "uma prática apostólica" ou "uma tradição apostólica".[26]

123. Os problemas surgem quando a maioria dos fiéis permanece indiferente às decisões doutrinais ou morais do Magistério, ou quando as refuta absolutamente. Esta falta de recepção pode ser um sinal de fraqueza na fé ou de falta de fé por parte do Povo de Deus, devido à adoção insuficientemente crítica da cultura contemporânea. Mas, em alguns casos, pode ser sinal de que algumas decisões foram tomadas pelas autoridades sem que elas tenham levado em conta a experiência e o *sensus fidei* dos fiéis, ou sem que o Magistério tivesse consultado suficientemente os fiéis.[27]

124. É natural que haja entre os membros da Igreja uma comunicação constante e um diálogo regular sobre questões práticas e em matéria de fé e moral. A opinião pública é uma importante forma de comunicação na Igreja. "Porque ela é um corpo vivo, a Igreja precisa de uma opinião pública para alimentar o diálogo entre os seus membros: esta é uma condição para difundir sua doutrina e alargar o campo de sua influência."[28] Foi um pouco depois do Concílio Vaticano II que foi aprovada esta troca pública

---

[26] CONGAR, Quod omnes tangit, ab omnibus tractari et approbari debet. *Revue historique de droit français et étranger* 36 (1958), p. 210-259, particularmente p. 224-228.

[27] Ibid., n. 78-80.

[28] Instrução pastoral sobre os meios de comunicação social elaborada por mandato especial do Concílio Ecumênico Vaticano II, *Communio et progressio* (1971), n. 115, que cita também o Papa Pio XII: "Faltará alguma coisa à sua vida (à da Igreja) se a opinião pública lhe viesse a faltar, por

de pensamentos e opiniões na Igreja, e precisamente com base no ensinamento conciliar sobre o *sensus fidei* e sobre o amor cristão os fiéis foram fortemente encorajados a tomar parte ativa nesta troca pública. "Que os católicos estejam plenamente conscientes de que eles têm verdadeira liberdade para expressar seus pensamentos, baseada no 'sentido da fé' (isto é, o *sensus fidei*) e na caridade. O 'sentido da fé', suscitado pelo Espírito da Verdade, de modo que o povo cristão, guiado pelo Magistério e respeitoso por seu ensino, adere indefectivelmente às verdades da Tradição e as aplica sempre melhor para a vida cotidiana (cf. *LG*, n. 12). A caridade, por conseguinte, permite a liberdade dos cristãos de se elevar à comunhão e à liberdade de Cristo. Ele, nos libertando dos laços do pecado, nos fez capazes de julgar livremente de acordo com sua vontade. Que as autoridades responsáveis assegurem que exista na Igreja, através da liberdade de expressão e de pensamento, uma troca legítima de opiniões; que elas estabeleçam as normas e as condições para obtê-lo."[29]

125. Este debate público de opiniões é um meio fundamental pelo qual se pode avaliar normalmente o *sensus fidelium*. Depois do Concílio Vaticano II foram estabelecidos vários meios institucionais pelos quais os fiéis possam ser ouvidos de maneira mais formal. Estes são os Concílios particulares, aos quais os presbíteros, assim como outros

---

uma carência imputável aos pastores e aos fiéis" (alocução de 17 de fevereiro de 1950, *AAS* XVIII [1950], p. 256).

[29] *Communio et progressio*, n. 116.

seguidores de Cristo, podem ser convidados;[30] os sínodos diocesanos, aos quais o bispo diocesano pode convidar os membros do laicato;[31] o conselho pastoral de cada diocese, que se compõe de "fiéis em plena comunhão com a Igreja Católica, clérigos, membros de institutos de vida consagrada, ou principalmente leigos";[32] e conselhos pastorais das paróquias, "nos quais os fiéis ajudam a promover a ação pastoral, juntamente com os que participam do cuidado pastoral da paróquia em virtude do próprio ofício".[33]

126. As estruturas de consulta, como as recém-mencionadas, podem ser muito úteis para a Igreja, mas apenas se pastores e leigos respeitarem seus carismas próprios e se tiverem cuidado constante para a escuta recíproca de suas experiências e preocupações. Uma escuta plena de humildade em todos os níveis e uma consulta adequada dos envolvidos são aspectos essenciais de uma Igreja viva e animada.

---

[30] Cf. *Código de Direito Canônico*, cânon 443, § 4º.

[31] Cf. *Código de Direito Canônico*, cânon 463, § 2º.

[32] *Código de Direito Canônico*, cânon 512, § 1º.

[33] *Código de Direito Canônico*, cânon 536, § 1º.

CONCLUSÃO

127. O Vaticano II foi um novo Pentecostes,[1] que preparou a Igreja para a nova evangelização, que, após o Concílio, os Papas não cessaram de invocar. O Concílio colocou uma ênfase renovada na ideia da Tradição de que todos os batizados são providos com um *sensus fidei* e este *sensus fidei* constitui um dos recursos mais importantes para a nova evangelização.[2] Graças ao *sensus fidei*, os fiéis são capazes não só de reconhecer o que está de acordo com o Evangelho e rejeitar o que lhe é contrário, mas também de perceber o que o Papa Francisco chama de "novas formas para o caminho" da fé de todo o povo peregrino. Uma das razões pelas quais os bispos e os sacerdotes devem estar próximos de seu povo a caminho e caminhar com ele é justamente para que possam reconhecer esses "novos caminhos" que ele percebe.[3] O discernimento destes novos caminhos, que o Espírito Santo abre e ilumina, será vital para a nova evangelização.

---

[1] Esta expressão foi utilizada várias vezes pelo Papa João XXIII quando ele exprimia suas esperanças e suas orações pelo Concílio a ser realizado. Ver, por exemplo, *Humanae Salutis*, n. 23.

[2] Ibid., n. 2, 45, 65, 70 e 112.

[3] Cf. PAPA FRANCISCO, *Alocução ao clero, às pessoas consagradas e aos membros de conselhos pastorais*, São Rufino, Assis, 4 de outubro de 2013. O Papa acrescenta que os sínodos diocesanos, celebrações particulares do "caminho percorrido em conjunto" como discípulos do Senhor, deviam levar em conta "o que o Espírito Santo diz aos leigos, ao Povo de Deus (e) a todos".

128. O *sensus fidei* está intimamente ligado à *infallibilitas in credendo*, que tem a Igreja como um todo, como "sujeito" fiel peregrino na história.[4] Nutrido pelo Espírito Santo, o *sensus fidei* permite à Igreja dar testemunho e a seus membros realizar o discernimento que eles devem constantemente fazer, tanto como indivíduos quanto como comunidade, para descobrir a melhor maneira de viver, agir e falar com fidelidade ao Senhor. É o instinto pelo qual todos e cada um "pensem com a Igreja",[5] compartilhando uma única fé e um mesmo desígnio. É isto que une os pastores e o povo e que torna possível o diálogo entre eles, fundamentado nos dons e na vocação de cada um, ao mesmo tempo essencial e fecundo para a Igreja.

---

[4] Entrevista do Papa Francisco ao Padre Antônio Spadaro, em 21 de setembro de 2013; cf. *EG*, n. 119.

[5] Entrevista do Papa Francisco ao Padre Antônio Spadaro; cf. Ibid., n. 90.

SUMÁRIO

Nota preliminar 3

Introdução 5

Capítulo 1: O *sensus fidei* na Escritura e na Tradição 11

  1. O ensinamento da Bíblia 11
    a) A fé como resposta à Palavra de Deus 11
    b) As dimensões pessoal e eclesial da fé 13
    c) A capacidade dos fiéis de conhecer
      a verdade e de testemunhá-la 16
  2. O desenvolvimento da ideia
    e seu papel na história da Igreja 21
    a) O período patrístico 21
    b) O período medieval 24
    c) O período da Reforma e da pós-Reforma 26
    d) O século XIX 30
    e) O século XX 35

Capítulo 2: O *sensus fidei* na vida pessoal do fiel 43

  1. O *sensus fidei* como instinto da fé 43
  2. As manifestações do *sensus fidei*
    na vida pessoal dos fiéis 50

Capítulo 3: O *sensus fidei fidelium* na vida da Igreja 55

  1. O *sensus fidei* e o desenvolvimento
    da doutrina e da prática cristã 56
    a) Aspectos retrospectivos e prospectivos
      do *sensus fidei* 56

b) A contribuição dos leigos para
o *sensus fidelium* 58
2. O *sensus fidei* e o Magistério 61
a) O Magistério está à escuta
do *sensus fidelium* 61
b) O Magistério alimenta, discerne e julga
o *sensus fidelium* 62
c) A recepção 63
3. O *sensus fidei* e a teologia 65
a) Os teólogos dependem do *sensus fidelium* 66
b) Os teólogos refletem sobre o *sensus fidelium* .. 67
4. Aspectos ecumênicos do *sensus fidei* 68

Capítulo 4: Como discernir as manifestações
autênticas do *sensus fidei* 71

1. As disposições necessárias para uma
participação autêntica no *sensus fidei* 72
a) A participação na vida da Igreja 72
b) A escuta da Palavra de Deus 73
c) A abertura à razão 74
d) A adesão ao Magistério 75
e) A santidade – a humildade, a liberdade
e a alegria 76
f) A busca da edificação da Igreja 78
2. Aplicações 79
a) O *sensus fidei* e a religiosidade popular 79
b) O *sensus fidei* e a opinião pública 84
c) As formas de consultar os fiéis 88

Conclusão 93